FINANZAS PARA EMPRENDEDORES

CÓMO GESTIONAR TU DINERO Y HACER CRECER TU NEGOCIO

AYUDA A LOS EMPRESARIOS A COMPRENDER
LOS PRINCIPIOS FINANCIEROS FUNDAMENTALES
Y CÓMO APLICARLOS A SU NEGOCIO

DAVID SANDUA

*"El mayor riesgo es no tomar ningún riesgo.
En un mundo que cambia rápidamente,
la única estrategia garantizada para fracasar es no tomar riesgos".*

Mark Zuckerberg

ÍNDICE

I. INTRODUCCIÓN

En el competitivo mundo empresarial actual, los empresarios se enfrentan constantemente al reto de gestionar su dinero de forma eficaz y, al mismo tiempo, esforzarse por hacer crecer su negocio. Como eje de la economía mundial, los empresarios desempeñan un papel fundamental en el impulso de la invención, la creación de empleo y el fomento del crecimiento económico. Muchos empresarios no suelen estar equipados con los conocimientos y habilidades financieros necesarios para navegar por el complejo panorama financiero. En consecuencia, pueden tener dificultades con la gestión financiera, lo que puede llevarles a perder oportunidades e incluso negocios. Reconociendo la grandeza de la alfabetización financiera para los empresarios, este libro pretende proporcionar una guía completa sobre finanzas para empresarios, ayudándoles a comprender los principios financieros fundamentales y cómo aplicarlos a su negocio. La alfabetización financiera es una faceta crucial de la iniciativa empresarial. Sin una comprensión sólida del concepto financiero, los empresarios pueden tener dificultades para manejar el aspecto financiero de sus negocios, como la elaboración de presupuestos, la gestión de la tesorería y la decisión de invertir. Esta actividad financiera es esencial para que los empresarios tengan éxito, ya que influye directamente en la rentabilidad, la sostenibilidad y el posible crecimiento de su empresa. La falta de conocimientos financieros puede impedir a los empresarios comunicarse eficazmente con inversores, acreedores y otras partes interesadas, limitando potencialmente su acceso a los recursos financieros necesarios para impulsar el crecimiento de su empresa. Al proporcionar una visión detallada de las finanzas para empresarios, este libro pretende dotar a los empresarios de los conocimientos y herramientas financieros necesarios para tomar decisiones informadas y optimizar el rendimiento de su negocio. El libro abarcará una amplia gama de temas financieros, como el psicoanálisis de estados financieros, el plan financiero, la elaboración de presupuestos, la gestión de precios, la valoración de inversiones y la opción de financiación. Cada tema se explorará en profundidad, proporcionando a los empresarios una base sólida en finanzas y permitiéndoles aplicar estos conceptos a su contexto empresarial específico. Al adaptar la esencia a las necesidades de los empresarios, este libro garantiza que la orientación financiera proporcionada sea práctica, relevante y procesable. Además, este libro reconoce el reto único al que se enfrentan los empresarios en relación con las finanzas. El modelo y los principios financieros tradicionales no siempre se traducen directamente a la naturaleza dinámica y acelerada de la iniciativa empresarial. Este libro irá más allá de la hipótesis de las finanzas convencionales, explorando las finanzas empresariales, que se centran en los aspectos financieros que son distintivos de las startups y las pequeñas empresas. Las finanzas emprendedoras abarcan temas como la aventura en mayúsculas, la inversión ángel, el crowdfunding, el bootstrapping y la estrategia de salidas, proporcionando a los emprendedores la pericia necesaria para navegar por estas vías financieras particulares. También es importante señalar que este libro reconoce la variedad de emprendedores, tanto en términos de ámbito de fabricación como de localización geográfica. Independientemente de que un empresario se dedique a la fabricación de ingeniería, a la hostelería o a la manufactura, los principios y la práctica financieros que se tratan en este libro son universales y pueden aplicarse en diversos sectores. Del mismo modo, tanto si un empresario tiene su sede en una frugalidad desarrollada como en una en vías de desarrollo, los conocimientos financieros que se comparten en este libro siguen siendo relevantes y aplicables. Esta catolicidad garantiza que empresarios de todos los orígenes puedan beneficiarse de los conocimientos compartidos en este libro. Las finanzas desempeñan un papel crucial en la consecución y el crecimiento de los empresarios y sus negocios. Este libro sirve de guía completa sobre finanzas para emprendedores, ofreciendo conocimientos prácticos y herramientas para navegar por el panorama financiero con eficacia. Al comprender los principios financieros fundamentales y cómo aplicarlos, los empresarios pueden tomar decisiones con conocimiento de causa, optimizar el rendimiento de su negocio y admitir los recursos financieros necesarios para impulsar su crecimiento. Este libro pretende dotar a los empresarios de conocimientos financieros, permitiéndoles gestionar con confianza su dinero e impulsar sus negocios.

DEFINICIÓN DE ESPÍRITU EMPRESARIAL Y SU IMPORTANCIA EN EL MUNDO DE LOS NEGOCIOS

El espíritu empresarial es una condición que ha adquirido una atención significativa en el mundo de los negocios. Se refiere a la capacidad de identificar oportunidades, asumir riesgos calculados y crear valor reuniendo recursos para establecer y hacer crecer un negocio. En su núcleo, el espíritu empresarial se refiere al proceso de iniciar y poner en marcha una nueva aventura. Va más allá de la mera conducta de poner en marcha un negocio y abarca un conjunto más amplio de actividades que son vitales para su éxito. Estas actividades incluyen la innovación, la creatividad, el liderazgo y el pensamiento estratégico. En esencia, el espíritu empresarial consiste en reconocer y aprovechar las oportunidades del mercado para crear y captar valor. No se puede exagerar el significado del espíritu empresarial en el mundo de los negocios. En el entorno dinámico y competitivo actual, las empresas se enfrentan constantemente a la necesidad de innovar y adaptarse al cambio para sobrevivir y prosperar. Los empresarios desempeñan un papel crucial en el impulso de este proceso de innovación y cambio. Al introducir nuevos productos, servicios y modelos de negocio, los empresarios no sólo crean valor para sí mismos, sino también para sus clientes, empleados y la comunidad en su conjunto. El espíritu empresarial también es esencial para el crecimiento y el desarrollo económicos. Está ampliamente reconocido como locomotora de la innovación de las tareas y de la riqueza coevales. Al crear nuevas empresas, los empresarios crean oportunidades de empleo y aumentan la productividad. También contribuyen a la ampliación económica inyectando competidores en el mercado y fomentando la eficiencia. Los empresarios suelen estar a la vanguardia de los avances tecnológicos y las innovaciones científicas, impulsando la progresión y dando forma a la industria. Además de su significado económico, el espíritu empresarial tiene un significado social y cultural. Los empresarios desafían la norma existente y perturban la industria establecida, iniciando el cambio social y configurando la tendencia cultural. Sus innovaciones suelen mejorar la calidad de vida, la salud y el bienestar de las personas. Por ejemplo, los emprendedores del sector sanitario han desarrollado nuevos tratamientos y tecnologías que han revolucionado la tutela de los pacientes. Del mismo modo, los empresarios del sector de la vitalidad renovable han contribuido a la lucha contra el cambio climático promoviendo una solución limpia y sostenible. La iniciativa empresarial también fomenta el sentido de la autorización y la autodeterminación. Proporciona al individuo la oportunidad de perseguir su pasión, crear su propio destino y tener un efecto significativo. A través de la iniciativa empresarial, el individuo puede realizar todas sus posibilidades y lograr su realización personal. Esta sensación de autorización no sólo beneficia a los propios empresarios, sino que también inspira a otros a perseguir su sueño empresarial, creando un efecto dominó de innovación y crecimiento económico. Aunque el espíritu empresarial ofrece numerosas oportunidades y beneficios, no está exento de retos y riesgos. Poner en marcha y gestionar una empresa requiere una serie de habilidades y competencias, así como un profundo conocimiento de los principios financieros. La gestión financiera es una faceta crítica del espíritu empresarial, ya que implica tomar decisiones informadas sobre la asignación de recursos, la inversión, la liquidez y la gestión del riesgo. Sin una comprensión sólida de los principios financieros, los empresarios pueden tener dificultades para gestionar eficazmente su dinero y hacer crecer sus negocios. Aquí es donde se hace evidente la grandeza de la alfabetización y la enseñanza financiera para los empresarios. Al comprender los principios financieros fundamentales, los empresarios pueden tomar decisiones informadas sobre el precio, la financiación y la estrategia de inversión. Pueden identificar posibles escollos financieros y tomar las medidas adecuadas para mitigar los riesgos. La alfabetización financiera también permite a los empresarios comunicarse eficazmente con inversores, prestamistas y otras partes interesadas, aumentando su credibilidad e incrementando sus posibilidades de éxito. El espíritu empresarial es el proceso de identificar oportunidades, asumir riesgos calculados y crear valor estableciendo y haciendo crecer una empresa. Su significado en el mundo empresarial reside en su capacidad para impulsar la innovación, generar crecimiento económico y promover el cambio social. El espíritu empresarial no está exento de desafíos, sobre todo en el reino de la gestión financiera. Es crucial que los empresarios desarrollen una sólida comprensión de los principios financieros y los apliquen eficazmente a sus negocios. La alfabetización financiera desempeña un papel vital a la hora de capacitar a los empresarios para gestionar su dinero, tomar decisiones con conocimiento de causa y hacer crecer sus negocios.

GESTIÓN FINANCIERA PARA EMPRESARIOS

La gestión financiera es crucial para los empresarios porque les permite tomar decisiones informadas y estratégicas sobre su negocio. Gestionando eficazmente sus finanzas, los empresarios pueden identificar las áreas de su negocio que no están generando un rendimiento de la inversión y hacer los ajustes necesarios. Analizando los estados financieros, como la cuenta de resultados y el balance, los empresarios pueden identificar qué producto o servicio es el más rentable y asignar los recursos en consecuencia. Esto les permite centrarse en su núcleo de competencia y eliminar o reducir las áreas de su negocio que no funcionan bien. La gestión financiera ayuda a los empresarios a planificar el futuro y hacer una proyección financiera sólida. Analizando los resultados financieros pasados y la tendencia de fabricación, los empresarios pueden estimar sus necesidades financieras futuras y tomar decisiones estratégicas sobre pedir prestado o invertir. Esto es especialmente importante para los empresarios que buscan financiación externa de inversores o instituciones financieras. Presentando un programa financiero bien pensado, los empresarios pueden aumentar sus posibilidades de conseguir financiación y hacer crecer su negocio. Además, la gestión financiera es esencial para los empresarios, ya que les permite gestionar eficazmente su capital circulante. El capital circulante se refiere a los fondos necesarios para el funcionamiento diario de una empresa. Gestionar el capital circulante es crucial para los empresarios, ya que les garantiza que tienen suficiente liquidez para cubrir sus gastos a corto plazo, como arrendamientos, nóminas e inventarios. Gestionando eficazmente su capital circulante, los empresarios pueden evitar problemas de liquidez y mantener un flujo de caja saneado. Esto es especialmente importante para las pequeñas y medianas empresas, que a menudo tienen problemas de liquidez. Sin una gestión financiera adecuada, los empresarios pueden verse incapaces de pagar a los proveedores, cumplir las nóminas o aprovechar las oportunidades de aumento. Controlando activamente su flujo de caja y gestionando su capital circulante, los empresarios pueden garantizar el éxito y la sostenibilidad continuos de su negocio. La gestión financiera permite a los empresarios evaluar el rendimiento de su negocio y medir su éxito. Analizando los ratios financieros y los indicadores clave de rendimiento, los empresarios pueden evaluar el rendimiento de su empresa e identificar áreas de mejora. Los ratios financieros, como el rendimiento de la inversión, el margen bruto y la proporción actual, ofrecen una valiosa información sobre el bienestar financiero y la rentabilidad de una empresa. Revisando periódicamente este ratio, los empresarios pueden hacer un seguimiento de su rendimiento a lo largo del tiempo y compararlo con el estándar de fabricación. Esto les permite identificar las áreas de impotencia y aplicar medidas correctoras. Si un negocio tiene un bajo rendimiento de la inversión en comparación con sus homólogos de fabricación, el empresario puede tener que identificar oportunidades de ahorro de costes o explorar nuevas fuentes de ingresos. Controlando continuamente su rendimiento financiero, los empresarios pueden tomar decisiones basadas en datos y mejorar su cuenta de resultados. La gestión financiera es de suma importancia para los empresarios, ya que desempeña un papel fundamental en su éxito empresarial. Permite a los empresarios tomar decisiones informadas y estratégicas, gestionar eficazmente su capital circulante y evaluar el rendimiento de su negocio. Desde la elaboración del presupuesto y el plan financiero hasta la gestión del flujo de caja y el psicoanálisis financiero, los empresarios deben tener una sólida base de gestión financiera para dirigir y hacer crecer su negocio con eficacia. Es crucial que los empresarios inviertan tiempo y recursos en comprender y aplicar prácticas sólidas de gestión financiera. Al hacerlo, los empresarios no sólo pueden sobrevivir, sino prosperar en el entorno empresarial actual, altamente competitivo.

EL PROPÓSITO DE ESTE LIBRO

Para proporcionar a los empresarios una comprensión completa de los principios financieros y su aplicación en el crecimiento empresarial, es esencial profundizar en el concepto de planificación financiera. La planificación financiera implica el procedimiento de fijar un objetivo, evaluar los recursos financieros actuales y desarrollar estrategias para alcanzar dicho objetivo. Al comprender la grandeza de la planificación financiera, los empresarios pueden gestionar eficazmente su dinero y tomar decisiones informadas que contribuyan al crecimiento de su empresa. Un principio fundamental de la planificación financiera es la formación de un presupuesto. Un presupuesto sirve de hoja de ruta para los empresarios, al esbozar los ingresos y gastos previstos a lo largo de un punto concreto del reloj. Creando y respetando un presupuesto, los empresarios pueden controlar su flujo de caja e identificar las áreas en las que se puede ahorrar o aumentar la inversión. Además, los presupuestos permiten a los empresarios tener una idea clara de su capacidad financiera, lo que les permite tomar decisiones informadas sobre la asignación de recursos y la ejecución de estrategias de crecimiento. La planificación financiera requiere que los empresarios desarrollen una comprensión exhaustiva de los estados financieros. Los estados financieros, como la cuenta de resultados, el estado de equilibrio y el estado de flujo de caja, proporcionan a los empresarios información valiosa sobre el bienestar financiero de su empresa. Analizando estos estados, los empresarios pueden identificar tendencias, evaluar la rentabilidad de su operación y tomar decisiones estratégicas para potenciar el crecimiento del negocio. Por ejemplo, un cuidadoso psicoanálisis de la cuenta de resultados puede proporcionar a los empresarios información sobre el origen de los ingresos y el precio, permitiéndoles identificar las áreas en las que pueden maximizarse los ingresos o reducirse los gastos. La planificación financiera requiere que los empresarios piensen críticamente sobre sus opciones de financiación empresarial. Los empresarios deben considerar las diversas fuentes de mayúsculas que tienen a su disposición, como la financiación justa, la financiación de la deuda o el crowdfunding. Al comprender las ventajas e inconvenientes de cada opción de financiación, los empresarios pueden tomar decisiones informadas que se ajusten a su objetivo empresarial y a sus estrategias de crecimiento. Además, la planificación financiera requiere que los empresarios tengan en cuenta el concepto de gestión del riesgo. Los empresarios deben evaluar el riesgo potencial asociado a su actividad empresarial y desarrollar estrategias para mitigarlo o gestionarlo. Aplicando estrategias de gestión del riesgo, los empresarios pueden salvaguardar su negocio frente a imprevistos que puedan afectar a su constancia financiera y a sus perspectivas de crecimiento. La planificación financiera requiere que los empresarios controlen y evalúen su rendimiento financiero de forma continua. Mediante el seguimiento de las principales métricas financieras y los indicadores de rendimiento, los empresarios pueden evaluar la potencia de sus estrategias y realizar los ajustes necesarios para impulsar el crecimiento de la empresa. Por ejemplo, mediante el seguimiento de métricas como el margen de beneficios brutos, la reincorporación a la inversión o la oscilación del cambio de efectivo, los empresarios pueden identificar las áreas en las que se puede mejorar y tomar medidas proactivas para optimizar su rendimiento financiero. El objetivo de este examen es proporcionar a los empresarios una comprensión global de los principios financieros y su aplicación en el crecimiento empresarial. Al comprender la planificación financiera, la elaboración de presupuestos, los estados financieros, las opciones de financiación, la gestión del riesgo y la valoración del rendimiento financiero, los empresarios pueden gestionar eficazmente su dinero y tomar decisiones informadas que contribuyan al crecimiento de su empresa. El concepto de presupuesto es esencial que los empresarios lo comprendan y lo apliquen para gestionar eficazmente su dinero y hacer crecer su empresa. La elaboración de un presupuesto implica la asignación cuidadosa de recursos a distintas áreas de la empresa para alcanzar objetivos financieros. Sin un presupuesto, los empresarios corren el riesgo de gastar más de la cuenta o de asignar los recursos de forma ineficaz, lo que puede provocar problemas de liquidez e impedir el crecimiento de la empresa. Creando un presupuesto, los empresarios pueden comprender claramente su compromiso financiero y tomar decisiones informadas sobre dónde asignar sus recursos. Un presupuesto proporciona una hoja de ruta para los logros financieros, permitiendo a los empresarios hacer un seguimiento de los ingresos y los gastos, fijar objetivos y hacer ajustes cuando sea necesario. Esto puede ayudar a los empresarios a identificar las áreas en las que se pueden reducir los costes, aumentar los ingresos y reasignar los recursos para apoyar el crecimiento de la empresa. Además, un presupuesto permite a los empresarios controlar su flujo de caja, que es crucial para mantener el funcionamiento en el día a día. Al conocer el momento y la cantidad de dinero que entra en la empresa, así como el momento y la cantidad de dinero que sale, los empresarios pueden tomar mejores decisiones sobre la gestión de su tesorería. Esto puede incluir asegurarse de que las facturas se envían puntualmente y cobrar el pago del cliente a tiempo, así como gestionar los gastos para evitar salidas de efectivo innecesarias. Gestionando eficazmente el flujo de caja, los empresarios pueden minimizar el peligro de quedarse sin dinero y maximizar su capacidad de invertir en iniciativas de crecimiento. Además del presupuesto, los empresarios también deben tener una comprensión clara de los estados financieros de su empresa para gestionar eficazmente su dinero y tomar decisiones financieras con conocimiento de causa. Los estados financieros, como la cuenta de resultados, el balance y el estado de tesorería, ofrecen una instantánea del rendimiento financiero, la posición y los flujos de tesorería de una empresa, respectivamente. Analizando estos estados, los empresarios pueden hacerse una idea del bienestar financiero de su empresa e identificar áreas de mejora. La cuenta de resultados muestra los ingresos generados y los gastos incurridos en un momento determinado, lo que permite a los empresarios evaluar la rentabilidad e identificar oportunidades para aumentar los ingresos o reducir los costes. El balance ofrece una instantánea del activo, el pasivo y la equidad de una empresa en un momento determinado, lo que ayuda a los empresarios a comprender la situación líquida y financiera de su empresa. El estado de flujo de caja muestra la tesorería generada y utilizada por la empresa durante un punto concreto, proporcionando a los empresarios valiosas perspectivas sobre el momento y el generador de las entradas y salidas de tesorería. Al comprender sus estados financieros, los empresarios pueden tomar decisiones informadas sobre el precio, los gastos, la inversión y la financiación, entre otros aspectos financieros de su negocio. Los empresarios deben conocer a fondo la técnica del análisis financiero para evaluar los resultados financieros de su empresa y tomar decisiones informadas sobre su futuro. El análisis financiero implica la interpretación de la información financiera para evaluar el rendimiento, la rentabilidad, la liquidez, la solvencia y la eficiencia de una empresa, entre otros aspectos. Analizando los ratios financieros, la tendencia y el punto de referencia, los empresarios pueden identificar los puntos fuertes, los puntos débiles, la oportunidad y la amenaza relacionados con el rendimiento financiero de su empresa. El análisis de los ratios de rentabilidad puede ayudar a los empresarios a evaluar la capacidad de su empresa para generar beneficios, mientras que el análisis de los ratios de liquidez puede ayudar a los empresarios a evaluar la capacidad de su empresa para cumplir sus obligaciones a corto plazo. Al realizar análisis financieros, los empresarios pueden identificar áreas de mejora, desarrollar estrategias para abordar los puntos débiles y aprovechar los puntos fuertes, todo lo cual es crucial para hacer crecer un negocio con éxito. Comprender los principios financieros fundamentales y cómo aplicarlos es esencial para los empresarios que quieren gestionar eficazmente su dinero y hacer crecer su negocio. Aplicando la práctica presupuestaria, analizando los estados financieros y realizando análisis financieros, los empresarios pueden tomar decisiones financieras informadas que apoyen el crecimiento y la sostenibilidad del negocio. Aunque estos principios financieros pueden parecer complejos e intimidatorios, hay muchos recursos disponibles para ayudar a los empresarios a desarrollar sus conocimientos y habilidades financieras. Con el conocimiento y la herramienta adecuados, los empresarios pueden navegar por los aspectos financieros de su negocio con confianza y alcanzar sus objetivos financieros.

II. COMPRENDER LOS ESTADOS FINANCIEROS

Comprender los estados financieros es muy importante para los empresarios, ya que les proporciona información valiosa sobre la salud financiera y el rendimiento de su empresa. Uno de los estados financieros clave que los empresarios deben comprender es la cuenta de resultados, también conocida como cuenta de pérdidas y ganancias. La cuenta de resultados ofrece un resumen de los ingresos, gastos y beneficios netos de una empresa durante un periodo concreto. Analizando la cuenta de resultados, los empresarios pueden determinar la rentabilidad de su empresa e identificar áreas de mejora. Pueden identificar qué productos o servicios generan más ingresos y centrar sus recursos en esas áreas. Además, la cuenta de resultados puede ayudar a los empresarios a evaluar el rendimiento financiero de su empresa a lo largo del tiempo, comparando las cuentas de resultados de distintos periodos. Esto les permite calibrar si su negocio crece o decrece y tomar decisiones informadas en consecuencia. Otro estado financiero importante con el que los empresarios deben estar familiarizados es el balance. El balance ofrece una instantánea de la situación financiera de una empresa en un momento determinado y consta de tres componentes: activo, pasivo y equidad del propietario. El activo incluye elementos tangibles e intangibles como efectivo, existencias y pertenencias. El endeudamiento representa las obligaciones de la empresa, como préstamos y cuentas a pagar. La equidad del propietario refleja la inversión del propietario en la empresa y los beneficios retenidos. Al revisar el balance, los empresarios pueden evaluar la constancia financiera, la liquidez y el apalancamiento de su empresa. Pueden evaluar si su activo es suficiente para cubrir su pasivo y determinar la proporción de financiación mediante deuda en su construcción en mayúsculas. Esta información es crucial para tomar decisiones financieras, como obtener financiación adicional o gestionar el flujo de caja de forma más eficaz. Además de la cuenta de resultados y el balance, los empresarios deben conocer también el estado de flujos de tesorería. El estado de flujos de efectivo proporciona información sobre las entradas y salidas de efectivo de una empresa durante un periodo concreto. Este estado se divide en tres secciones: actividades operativas, actividades de inversión y actividades de financiación. Analizando el estado de flujos de tesorería, los empresarios pueden conocer el origen y el uso de la tesorería de la empresa. Pueden determinar si la empresa está generando suficiente efectivo a partir de su funcionamiento cotidiano, invirtiendo en aumentar la oportunidad y financiando sus actividades. Esta información es crucial para gestionar el flujo de caja, que es esencial para la supervivencia y el crecimiento de cualquier empresa. Controlando regularmente el estado de flujos de caja, los empresarios pueden identificar con antelación posibles problemas de tesorería y tomar las medidas necesarias para solucionarlos. Los empresarios también deben estar familiarizados con los ratios financieros, que se derivan de la información proporcionada en los estados financieros. Los ratios financieros se utilizan para evaluar el rendimiento financiero, la liquidez, la solvencia y la rentabilidad de una empresa. Algunos de los ratios más utilizados son el ratio corriente, el ratio rápido, el 'rejoin' sobre la equidad y el margen de beneficio bruto. Calculando y analizando estos ratios, los empresarios pueden hacerse una idea de la salud financiera de su empresa y compararla con la fabricación de referencia. Un coeficiente de liquidez bajo puede indicar que la empresa no tiene suficiente efectivo para hacer frente a sus obligaciones a corto plazo, mientras que un margen de beneficio bruto elevado puede sugerir que la empresa está fijando precios demasiado altos para sus productos o servicios. Comprendiendo e interpretando los ratios financieros, los empresarios pueden tomar decisiones informadas y emprender acciones adecuadas para mejorar los resultados financieros de su empresa. Comprender los estados financieros es esencial para que los empresarios gestionen eficazmente su dinero y hagan crecer su empresa. Analizando la cuenta de resultados, el balance, el estado de flujos de caja y los ratios financieros, los empresarios pueden obtener información valiosa sobre la salud financiera, el rendimiento y el flujo de caja de su empresa. Esta información es crucial para tomar decisiones informadas, identificar áreas de mejora y garantizar el éxito a largo plazo de su empresa. Los empresarios deben invertir tiempo y esfuerzo en comprender e interpretar estos estados financieros.

ESTADOS FINANCIEROS: BALANCE, CUENTA DE RESULTADOS Y ESTADO DE FLUJOS DE EFECTIVO

El estado de flujo de caja es otro estado financiero que proporciona información sobre las entradas y salidas de efectivo de una empresa durante un momento determinado. Presenta la variación de la tesorería y el equivalente de tesorería clasificándolos en actividades operativas, actividades de inversión y actividades de financiación. Las actividades operativas incluyen los flujos de caja de las operaciones empresariales primarias, como la recepción de ventas, el pago a proveedores y el gasto en nóminas. Las actividades de inversión engloban los flujos de caja relacionados con la adquisición y disposición de activos a largo plazo, incluida la compra o venta de pertenencias, flora y equipo o la realización de inversiones en otra entidad. Las actividades de financiación engloban los flujos de caja procedentes de la obtención o reembolso de mayúsculas del propietario o de una fuente externa, como la emisión o recompra de acciones, el endeudamiento o reembolso de préstamos, o el pago de dividendos. Examinando el estado de flujo de caja, los empresarios pueden evaluar la capacidad de la empresa para generar efectivo a partir de sus operaciones, evaluar sus decisiones de inversión y determinar su dependencia de la financiación externa. Ayuda a los empresarios a identificar el origen y el uso del efectivo, lo que es esencial para tomar decisiones financieras eficaces y gestionar el líquido. Comprender los estados financieros es crucial para que los empresarios gestionen eficazmente su dinero y hagan crecer su negocio. La mortaja de equilibrio proporciona una instantánea de la situación financiera de una empresa a un nivel específico en reloj, incluyendo su activo, pasivo y equidad del propietario. Ayuda a los empresarios a calcular ratios importantes y a tomar decisiones informadas sobre financiación, inversión y ejecución general. La cuenta de resultados, por su parte, describe la ejecución financiera de una empresa en un punto concreto, resumiendo sus ingresos, gastos y beneficios netos o partida. Los empresarios pueden utilizar este estado para analizar la rentabilidad y evaluar la potencia de sus operaciones empresariales. El estado de flujos de caja hace un seguimiento de las entradas y salidas de efectivo, lo que permite a los empresarios evaluar la capacidad de su empresa para generar efectivo, manejar la liquidez y tomar decisiones financieras eficaces. Al comprender plenamente estos estados financieros y su significado, los empresarios pueden obtener información valiosa sobre el bienestar financiero de su empresa, identificar áreas de mejora y tomar decisiones informadas que contribuyan al aumento y el logro de su empresa.

ANALIZAR LOS ESTADOS FINANCIEROS PARA LA TOMA DE DECISIONES

El análisis de los estados financieros es de suma importancia para la toma de decisiones en una empresa, ya que proporciona a los empresarios información valiosa sobre el bienestar financiero y la ejecución de su empresa. Examinando los estados financieros, como la cuenta de resultados, el balance y el estado de tesorería, los empresarios pueden evaluar la rentabilidad, liquidez y solvencia de su empresa, lo que les permite tomar decisiones informadas que impulsen el crecimiento y el éxito de su empresa. Una causa clave por la que el análisis de los estados financieros es crucial para la toma de decisiones es la capacidad de evaluar la rentabilidad. La cuenta de resultados, también conocida como cuenta de pérdidas y ganancias, presenta información detallada sobre los ingresos, gastos y beneficios netos de una empresa. Examinando esta cuenta, los empresarios pueden obtener información valiosa sobre las fuentes de sus ingresos y el coste asociado a la generación de dichos ingresos. Este análisis permite a los empresarios identificar el componente más rentable de su negocio y asignar los recursos en consecuencia. Por ejemplo, si una mercancía o un servicio concretos contribuyen significativamente a los ingresos totales con un coste menor, los empresarios pueden centrarse en promocionar y desarrollar más ese producto/servicio para aumentar la rentabilidad. Por otra parte, si determinados gastos son excesivamente elevados, los empresarios pueden identificar áreas en las que aplicar medidas de reducción de costes para mejorar la rentabilidad global de la empresa. Los estados financieros proporcionan a los empresarios información sobre la liquidez de su empresa, que es la capacidad de hacer frente a las obligaciones a corto plazo. Esta información es especialmente importante para la toma de decisiones, ya que permite a los empresarios prever y gestionar eficazmente los problemas de liquidez. El balance, por ejemplo, ofrece una instantánea del activo, el pasivo y la equidad de una empresa en un nivel específico del reloj. Analizando este estado, los empresarios pueden determinar la liquidez de su empresa comparando el activo corriente (como el efectivo y las cuentas por cobrar) con el pasivo corriente (como las cuentas por pagar y la deuda a corto plazo) . Este análisis permite a los empresarios asegurarse de que tienen suficiente efectivo y otros activos líquidos para cubrir sus obligaciones a corto plazo, como pagar a un proveedor o a un empleado. Controlando de cerca la liquidez mediante el análisis de los estados financieros, los empresarios pueden tomar decisiones más informadas sobre la gestión del flujo de caja y buscar las opciones de financiación necesarias en caso necesario. Además de la rentabilidad y la liquidez, los estados financieros también proporcionan información sobre la solvencia de una empresa, que es la capacidad de hacer frente a las obligaciones a largo plazo. El estado de flujo de caja, en concreto, muestra las fuentes y el uso de efectivo durante un momento concreto, proporcionando información sobre la capacidad de una empresa para generar flujos de caja positivos de su funcionamiento. Analizando este estado, los empresarios pueden evaluar si su empresa genera suficiente efectivo para hacer frente a sus obligaciones de deuda a largo plazo, como la devolución de un préstamo o el pago de un alquiler. Este análisis es esencial para la toma de decisiones, ya que ayuda a los empresarios a evaluar la estabilidad financiera de su negocio y a tomar decisiones proactivas para garantizar la solvencia. Por ejemplo, si una empresa genera constantemente flujos de caja negativos por su funcionamiento, los empresarios pueden identificar estrategias para mejorar la eficiencia operativa o buscar opciones de financiación adicionales para cubrir las obligaciones a largo plazo. El análisis de los estados financieros es de gran importancia para la toma de decisiones, ya que permite a los empresarios evaluar la rentabilidad, liquidez y solvencia de su empresa. Examinando los estados financieros, los empresarios pueden identificar el aspecto más rentable de su negocio, gestionar eficazmente el flujo de caja y garantizar la estabilidad financiera a largo plazo de su empresa. Armados con este conocimiento, los empresarios pueden tomar decisiones informadas que impulsen el crecimiento y el éxito de su negocio, al tiempo que mitigan los riesgos y desafíos potenciales. Es esencial que los empresarios comprendan y analicen los estados financieros para alcanzar su objetivo empresarial.

TÉCNICAS PARA INTERPRETAR CON PRECISIÓN LOS ESTADOS FINANCIEROS

Otra competencia importante para interpretar con precisión los estados financieros es comprender la concepción de los ratios de rentabilidad. Los ratios de rentabilidad se utilizan para medir la capacidad de la empresa para generar beneficios de sus operaciones. Un ratio de rentabilidad habitual es el margen de beneficio bruto, que se calcula dividiendo el beneficio bruto por las ventas netas. El margen de beneficio bruto proporciona una indicación de la eficiencia con la que la empresa fabrica o adquiere sus productos. Un margen de beneficio bruto elevado significa que la empresa es capaz de obtener un coste elevado por sus productos y/o tiene un precio bajo de la mercancía vendida. Otro ratio de rentabilidad importante es el margen de beneficio neto, que se calcula dividiendo los ingresos netos por las ventas netas. El margen de beneficio neto muestra cuánto beneficio es capaz de generar la empresa con sus ventas después de tener en cuenta todos los gastos. Es importante comparar estos ratios de rentabilidad con la media de fabricación para comprender mejor el rendimiento de la empresa en relación con su competencia. Además de los ratios de rentabilidad, los ratios de liquidez también son cruciales para interpretar con precisión los estados financieros. Los ratios de liquidez miden la capacidad de la empresa para hacer frente a sus obligaciones a corto plazo. Uno de estos ratios es el ratio de circulante, que se calcula dividiendo el activo circulante por el pasivo circulante. El coeficiente de solvencia indica la capacidad de la empresa para pagar sus deudas a corto plazo con sus activos a corto plazo. Un ratio corriente elevado indica que la empresa se encuentra en una posición financiera sólida y puede hacer frente a sus obligaciones corrientes sin problemas. Otro ratio de liquidez es el ratio rápido, que se calcula restando el inventario del activo circulante y dividiendo la consecuencia del pasivo circulante. El ratio rápido proporciona una medida más conservadora de la liquidez de la empresa, ya que excluye las existencias, que pueden no convertirse fácilmente en efectivo. Al interpretar los ratios de liquidez, es importante tener en cuenta la naturaleza de la empresa y su necesidad específica de mayúsculas de trabajo. Los estados de flujo de caja son otro instrumento para interpretar con precisión los estados financieros. Los estados de flujo de caja proporcionan información sobre las entradas y salidas de efectivo de una empresa durante un momento determinado. Incluyen tres secciones: actividades de explotación, actividades de inversión y actividades de financiación. El segmento de actividades de explotación muestra la tesorería generada o utilizada en las operaciones comerciales del núcleo de la empresa. El segmento de actividades de inversión refleja los flujos de caja relacionados con la adquisición o venta de activos a largo plazo. El segmento de actividades de financiación incluye los flujos de tesorería procedentes de la emisión o amortización de deuda y equidad. Analizando el estado de flujo de caja, un empresario puede evaluar la capacidad de la empresa para generar efectivo a partir de sus operaciones, sus actividades de inversión y su decisión de financiación. Esto es crucial para comprender la situación de tesorería de la empresa y su capacidad de invertir para aumentar las oportunidades o cumplir sus obligaciones financieras. Comprender la técnica para interpretar con precisión los estados financieros es esencial para que los empresarios gestionen sus finanzas y hagan crecer sus negocios. Esta técnica incluye el análisis de la cuenta de resultados, el estado de equilibrio y el estado de flujo de caja, así como el cálculo y la comparación de ratios financieros clave. Adoptando una actitud global en el análisis de los estados financieros, los empresarios pueden obtener información valiosa sobre el bienestar financiero, la rentabilidad, la liquidez y el flujo de caja de su empresa. Este conocimiento permite a los empresarios tomar decisiones financieras con conocimiento de causa, asignar los recursos eficazmente e identificar áreas de mejora. Con una sólida comprensión de los estados financieros y la capacidad de interpretarlos con precisión, los empresarios pueden tomar el mando de sus finanzas e impulsar el logro de sus negocios. Una gestión financiera eficaz es esencial para que los empresarios hagan crecer con éxito su negocio. Comprendiendo los principios financieros fundamentales y aplicándolos a sus operaciones, los empresarios pueden tomar decisiones con conocimiento de causa y aumentar sus posibilidades de éxito. Es importante que los empresarios creen un programa financiero detallado, que incluya la proyección del flujo de caja futuro y la comprensión de su indicador de ejecución financiera. Al hacerlo, los empresarios pueden identificar los riesgos potenciales y tomar las medidas adecuadas para mitigarlos. Además, los empresarios deben seguir y controlar su actividad financiera con regularidad y hacer los ajustes necesarios. También deben considerar fuentes alternativas de financiación y explorar oportunidades para maximizar su rentabilidad. Aprovechar la ingeniería y los paquetes puede agilizar el proceso financiero y proporcionar a los empresarios información financiera en tiempo real. La gestión financiera es una faceta crucial de la iniciativa empresarial, y dominando este principio, los empresarios pueden prepararse para el éxito a largo plazo.

III. PRESUPUESTACIÓN Y PREVISIÓN

Presupuestar implica planificar y asignar recursos financieros para alcanzar metas y objetivos empresariales específicos. Ayuda a los empresarios a supervisar y controlar sus gastos, identificar posibles áreas de mejora y tomar decisiones informadas sobre la asignación de recursos. Creando un presupuesto, los empresarios pueden fijar objetivos y prioridades realistas, asignar fondos en consecuencia y seguir su progresión hacia la consecución de sus objetivos financieros. También permite a los empresarios identificar riesgos potenciales y desarrollar estrategias para mitigarlos. La previsión, por otra parte, consiste en estimar los futuros resultados financieros basándose en la información histórica, las tendencias del mercado y otros factores relevantes. Permite a los empresarios predecir los próximos ingresos, gastos y flujo de caja, lo que es crucial para tomar decisiones empresariales con conocimiento de causa. Al prever con precisión sus finanzas, los empresarios pueden anticiparse a posibles retos, identificar oportunidades de crecimiento y realizar los ajustes necesarios en sus estrategias. También ayuda a los empresarios a evaluar la viabilidad financiera de su idea empresarial y a determinar si pueden conseguir el resultado deseado. Para crear un presupuesto y una previsión eficaces, los empresarios deben conocer a fondo el funcionamiento de su empresa, la dinámica del mercado y los resultados financieros. Deben analizar y evaluar su información financiera histórica para identificar tendencias, patrones e impulsores clave del rendimiento financiero. Este psicoanálisis proporcionará una visión importante de los factores que regulan los ingresos, los gastos y la rentabilidad, lo que permitirá a los empresarios hacer previsiones y presupuestos más precisos. Los empresarios también deben tener en cuenta los factores externos que pueden afectar a su negocio, como los cambios en el entorno económico, la normativa de fabricación y las preferencias de los clientes. Manteniéndose al corriente de las tendencias de fabricación y del clima del mercado, los empresarios pueden hacer predicciones más precisas sobre las necesidades futuras, la competencia y los precios. Esto les permitirá desarrollar estrategias más eficaces de asignación de recursos, comercialización y fijación de precios. Además, los empresarios deben implicar a las partes interesadas clave en el procedimiento de presupuestación y previsión para garantizar la alineación y la responsabilidad. Al recabar comentarios de empleados, proveedores y clientes, los empresarios pueden obtener valiosos conocimientos y perspectivas que pueden ayudar a mejorar la veracidad y potencia de sus presupuestos y previsiones. También fomenta un sentimiento de posesión y obligación entre las partes interesadas, aumentando su dedicación a la consecución de los objetivos financieros de la empresa. Los empresarios deben supervisar y evaluar periódicamente sus presupuestos y previsiones para asegurarse de que siguen siendo pertinentes y eficaces. Deben comparar el rendimiento financiero real con la cifra presupuestada y analizar cualquier variación. Esto les ayudará a identificar las áreas en las que se han desviado de su plan y a tomar medidas correctoras si es necesario. Revisando regularmente sus presupuestos y previsiones, los empresarios pueden mantenerse en la pista de carreras, hacer los ajustes necesarios y asegurarse de que sus estrategias de dirección financiera están alineadas con sus objetivos empresariales. La elaboración eficaz de presupuestos y previsiones es fundamental para que los empresarios gestionen sus finanzas y alcancen sus objetivos empresariales. Creando presupuestos realistas basados en previsiones exactas, los empresarios pueden asignar sus recursos financieros con mayor eficacia, controlar su rendimiento y tomar decisiones con conocimiento de causa. Los presupuestos y las previsiones también ayudan a los empresarios a identificar los riesgos potenciales y las oportunidades, permitiéndoles desarrollar estrategias para mitigar los riesgos y capitalizar las oportunidades. Implicando a las partes interesadas clave en el procedimiento y supervisando y evaluando regularmente sus presupuestos y previsiones, los empresarios pueden garantizar la alineación y la responsabilidad, aumentando sus posibilidades de éxito en el dinámico y competitivo entorno empresarial.

LA PRESUPUESTACIÓN EN LA PLANIFICACIÓN FINANCIERA

Les ayuda a establecer objetivos financieros claros y a asignar los recursos con eficacia. Creando un presupuesto, los empresarios pueden identificar las áreas en las que pueden recortar gastos o aumentar la rentabilidad. También les permite prever y planificar futuros retos y gastos financieros. Un presupuesto bien diseñado puede servir de hoja de ruta para su negocio, guiando su procedimiento de toma de decisiones y garantizando que se mantienen en el buen camino hacia sus objetivos financieros. Además, el presupuesto permite a los empresarios controlar su rendimiento financiero, comparar sus resultados reales con sus previsiones y hacer los ajustes necesarios. Esto les ayuda a identificar áreas de mejora y a tomar decisiones informadas para optimizar sus recursos financieros. La presupuestación también fomenta la disciplina financiera y la responsabilidad, ya que los empresarios son conscientes de sus pautas de gasto y pueden controlar los gastos innecesarios. La elaboración de presupuestos proporciona a los empresarios una sensación de control financiero y autonomía. Comprenden mejor la salud financiera de su empresa y pueden tomar decisiones estratégicas en consecuencia. Esto es especialmente importante para los empresarios que buscan financiación o inversores, ya que tener un presupuesto bien diseñado demuestra su audacia financiera y su capacidad para alcanzar su objetivo financiero. La elaboración de presupuestos es un instrumento esencial para que los empresarios gestionen eficazmente sus finanzas y hagan crecer su negocio. Una de las razones clave por las que el presupuesto es importante para la planificación financiera es que ayuda a los empresarios a establecer objetivos financieros claros. Al establecer objetivos financieros específicos, los empresarios pueden determinar cuántos ingresos necesitan generar e identificar medidas de ahorro para alcanzar esos objetivos. Un presupuesto puede ayudar a desglosar los objetivos a largo plazo en metas alcanzables a corto plazo, lo que permite a los empresarios alinear mejor su funcionamiento diario con sus objetivos financieros. Esto les permite controlar su progresión y hacer los ajustes necesarios si no van por buen camino para alcanzar sus objetivos. La presupuestación permite a los empresarios asignar los recursos con eficacia. Al identificar las áreas que requieren más inversión, los empresarios pueden asegurarse de que asignan sus recursos financieros al aspecto más crítico de su negocio. Esto les ayuda a utilizar eficazmente sus fondos y a evitar gastar en exceso en áreas que pueden no contribuir significativamente a su crecimiento global. Además, la elaboración de presupuestos permite a los empresarios prever y planificar futuros retos y gastos financieros. Al estimar su flujo de caja futuro, los empresarios pueden determinar si tienen fondos suficientes para cubrir los próximos gastos u obligaciones financieras. Esto les permite planificar con antelación y tomar decisiones informadas, como conseguir financiación adicional o ajustar su estrategia empresarial para mitigar posibles riesgos financieros. La presupuestación permite a los empresarios controlar sus resultados financieros y hacer los ajustes necesarios. Comparando sus resultados reales con la información financiera prevista, los empresarios pueden evaluar la salud financiera de su empresa e identificar áreas de mejora. Esto les permite tomar decisiones informadas para optimizar sus recursos financieros y mejorar su rentabilidad. Por ejemplo, si una determinada sección supera sistemáticamente su presupuesto, los empresarios pueden investigar la razón subyacente y tomar las medidas adecuadas, como aplicar medidas de recorte de gastos o reasignar recursos. La presupuestación fomenta la disciplina financiera y la responsabilidad. Los empresarios son más conscientes de sus pautas de gasto y pueden controlar los gastos innecesarios. Esto puede mejorar significativamente su dirección financiera y contribuir al crecimiento y los logros generales de su empresa. En resumen, la elaboración de presupuestos es una faceta fundamental de la planificación financiera para los empresarios. Les ayuda a establecer objetivos financieros claros, asignar los recursos con eficacia, anticiparse a futuros retos financieros y controlar su rendimiento financiero. Creando un presupuesto, los empresarios pueden tomar decisiones con conocimiento de causa y optimizar sus recursos financieros para alcanzar sus objetivos empresariales. Elaborar un presupuesto también fomenta la disciplina financiera y la responsabilidad, lo cual es crucial para los empresarios que buscan financiación o inversores. Elaborar un presupuesto proporciona a los empresarios una sensación de control financiero y autonomía, lo que les permite gestionar eficazmente sus finanzas y hacer crecer su negocio.

PASOS PARA CREAR UN PRESUPUESTO PARA UNA EMPRESA

Un paso importante en la creación de un presupuesto para una empresa es identificar y estimar las fuentes de ingresos. Esto implica comprender las distintas fuentes de ingresos que genera la empresa y prever los ingresos potenciales de cada fuente. Por ejemplo, una empresa de venta al por menor puede generar ingresos por la venta de productos, mientras que una empresa de servicios puede generarlos por los honorarios de los clientes. Analizando la información histórica y la tendencia del mercado, los empresarios pueden calcular los ingresos potenciales de cada fuente. Es importante ser realista y conservador en estas estimaciones para evitar sobrestimar los ingresos y acabar con un presupuesto que no sea factible. Otro paso crucial es analizar y estimar los gastos fijos y variables. Los gastos fijos se refieren a los costes que permanecen constantes independientemente del nivel de actividad de la empresa, como el pago del alquiler o arrendamiento, la prima de indemnización y el salario. Los gastos variables, en cambio, varían en función del nivel de actividad de la empresa, como las materias primas, los costes directos de mano de obra y los gastos de marketing. Es necesario evaluar cuidadosamente los gastos fijos y variables para comprender su efecto en el presupuesto global. Estimando con precisión estos gastos, los empresarios pueden determinar la suma de ingresos necesaria para cubrirlos y asegurarse de que el presupuesto es realista y alcanzable. Además, crear un presupuesto implica establecer objetivos financieros para la empresa. Este paso es importante, ya que proporciona una sensación de camino y objetivo para el plan financiero. Los objetivos financieros pueden variar en función de la naturaleza de la empresa, pero un objetivo común puede ser aumentar la rentabilidad, alcanzar un objetivo de venta concreto, reducir costes o mejorar la tesorería. Al establecer objetivos financieros claros y mensurables, los empresarios pueden alinear su esfuerzo presupuestario con su objetivo empresarial general y asegurarse de que el plan financiero está en consonancia con la visión a largo plazo de la empresa. Una vez estimadas las fuentes de ingresos, los gastos y los objetivos financieros, el siguiente paso es asignar los fondos en consecuencia. Esto implica desglosar el presupuesto en distintas categorías y asignar una cantidad específica a cada una. Las categorías pueden incluir gastos de venta y marketing, costes operativos, investigación y desarrollo, y gastos administrativos. Es importante asignar los fondos en función de la precedencia y grandeza de cada categoría y asegurarse de que todos los gastos necesarios se cubren adecuadamente. Este paso requiere una circunstancia y un examen cuidadosos para evitar el gasto excesivo y optimizar la asignación de recursos. Otro paso importante es supervisar y revisar el presupuesto con regularidad. Un presupuesto no es un papel estático y debe tratarse como un instrumento dinámico que requiere una supervisión y un reajuste constantes. Revisando periódicamente el presupuesto, los empresarios pueden evaluar si se ajusta a lo previsto, identificar cualquier desviación y tomar medidas correctoras si es necesario. Supervisar el presupuesto permite a los empresarios comparar la ejecución real con la cantidad presupuestada, identificar cualquier desviación y comprender la razón que hay detrás de ellas. Esto les permite tomar decisiones informadas y ajustar el presupuesto, asegurándose de que sigue siendo realista y alineado con el entorno empresarial cambiante. En resumen, crear un presupuesto para una empresa implica varios pasos importantes. Estos pasos incluyen la identificación y estimación de las fuentes de ingresos, el análisis y estimación de los gastos, el establecimiento de objetivos financieros, la asignación de fondos y la supervisión y revisión periódicas del presupuesto. Siguiendo estos pasos, los empresarios pueden desarrollar un plan financiero completo y realista que les sirva de hoja de ruta para gestionar su dinero y hacer crecer su empresa. Un presupuesto bien diseñado es un instrumento valioso para los empresarios, que les ayuda a tomar decisiones con conocimiento de causa y a alcanzar su objetivo financiero.

TÉCNICAS DE PREVISIÓN PRECISAS PARA ANTICIPARSE A LAS NECESIDADES FINANCIERAS FUTURAS

Una de estas técnicas es el uso de datos financieros históricos y el análisis de tendencias. Analizando los estados financieros pasados y comparándolos con las tendencias del sector, los empresarios pueden identificar patrones y tendencias que pueden ayudar a predecir las necesidades financieras futuras. Si un negocio ha experimentado un aumento constante de los ingresos en los últimos días, es probable que esta tendencia al alza continúe en el futuro, y el empresario puede planificar la ampliación o el aumento de la inversión en consecuencia. Del mismo modo, si una empresa experimenta sistemáticamente problemas de liquidez en un momento determinado del año, el empresario puede preverlo y tomar las medidas necesarias para garantizar fondos suficientes para cubrir los gastos durante ese periodo. Otra técnica para realizar previsiones precisas es el uso de modelos financieros y simulaciones. Los modelos financieros son una representación matemática del funcionamiento de una empresa, que pueden utilizarse para proyectar el rendimiento financiero futuro en distintos escenarios. Introduciendo varios supuestos, como la tasa de aumento de los ingresos, la estructura de precios y el clima del mercado, los empresarios pueden simular distintos resultados e identificar posibles riesgos y oportunidades. Esto permite a los empresarios tomar decisiones más informadas y anticiparse a futuras necesidades financieras. Si una empresa está considerando introducir una nueva línea de mercancías, un modelo financiero puede ayudar a evaluar el posible efecto financiero y guiar al empresario en la toma de decisiones de inversión adecuadas. Los empresarios también pueden utilizar la evaluación comparativa como técnica para realizar previsiones precisas. El benchmarking consiste en comparar los resultados financieros de una empresa con los de sus competidores o pares del sector. Analizando los ratios financieros clave, como la rentabilidad, el líquido y la eficiencia, los empresarios pueden identificar las áreas de potencia e impotencia de su empresa y obtener información sobre cómo está posicionada frente a sus competidores. Esta información puede ser muy valiosa para predecir futuras necesidades financieras. Por ejemplo, si el margen de beneficios de una empresa es significativamente inferior al de sus competidores, puede indicar ineficacia o un problema de precios que hay que abordar. Mejorando en este aspecto, el empresario puede prever un aumento de la rentabilidad y planificar en consecuencia las necesidades financieras futuras. Además de la técnica mencionada, los empresarios también pueden utilizar la investigación de mercado y las opiniones de los clientes como herramienta para realizar previsiones precisas. La investigación de mercado implica recopilar y analizar datos sobre el mercado objetivo, las tendencias del sector y las preferencias de los clientes. Al comprender las necesidades y preferencias de su mercado objetivo, los empresarios pueden prever mejor las necesidades futuras y ajustar sus planes financieros en consecuencia. Por ejemplo, si la investigación de mercado indica un cambio en las preferencias de los clientes hacia productos ecológicos, un empresario puede prever un aumento de las necesidades de este tipo de productos e invertir en investigación y desarrollo para satisfacerlas. Del mismo modo, las opiniones de los clientes desempeñan un papel vital en la previsión precisa. Al solicitar opiniones a los clientes existentes, los empresarios pueden conocer su nivel de satisfacción con el producto o servicio existente, así como identificar áreas potenciales de mejora. Esta información puede ayudar a prever futuras ventas e ingresos, ya que es más probable que los clientes satisfechos sigan comprando en la empresa. Al abordar las preocupaciones de los clientes y mejorar su sensación general, los empresarios pueden fidelizarlos y generar negocios repetidos, lo que puede repercutir significativamente en las necesidades financieras futuras. Una técnica de previsión precisa es esencial para que los empresarios puedan anticiparse eficazmente a las necesidades financieras futuras. Utilizando datos históricos y análisis de tendencias, modelos financieros y simulaciones, evaluaciones comparativas, estudios de mercado y comentarios de los clientes, los empresarios pueden tomar decisiones informadas, identificar posibles riesgos y oportunidades y ajustar sus planes financieros en consecuencia. Esta técnica proporciona a los empresarios la herramienta necesaria para afrontar el reto de gestionar sus finanzas y hacer crecer su negocio con éxito. Los empresarios también deben tener en cuenta el concepto de apalancamiento financiero a la hora de gestionar su dinero y hacer crecer su negocio. El apalancamiento financiero se refiere a la utilización de fondos prestados o deuda para financiar las operaciones e inversiones de una empresa. Utilizando el apalancamiento financiero, los empresarios pueden aumentar potencialmente el rendimiento de sus inversiones y acelerar el crecimiento de su negocio. Este sistema también conlleva sus propios riesgos y consideraciones que los empresarios deben evaluar cuidadosamente. Una de las principales ventajas del apalancamiento financiero es la capacidad de amplificar los rendimientos. Tomando fondos prestados a un tipo de interés inferior al tipo de rendimiento de la inversión, los empresarios pueden generar beneficios adicionales. Por ejemplo, si un empresario toma prestados 100.000 $ a un tipo de interés del 4 % para invertir en un diseño que produce un rendimiento del 6 %, el empresario obtendría un rendimiento del 2 % sobre los fondos prestados. Este aumento del rendimiento puede mejorar significativamente la rentabilidad y aumentar las posibilidades de la empresa. Además, el apalancamiento financiero permite a los empresarios conservar sus propias mayúsculas. En lugar de utilizar sus propios fondos para financiar sus operaciones e inversiones empresariales, los empresarios pueden utilizar fondos prestados para liberar su caja superior para otros fines. Esto puede ser especialmente ventajoso para los empresarios con recursos personales limitados o para los que prefieren mantener sus finanzas personales separadas de las de su empresa. Es importante que los empresarios actúen con circunspección cuando utilicen el apalancamiento financiero. Uno de los principales riesgos asociados al apalancamiento financiero es la mayor vulnerabilidad al endeudamiento. Tomar dinero prestado conlleva la obligación de devolver la deuda, junto con los intereses o comisiones asociados. Si la empresa es incapaz de generar un flujo de caja suficiente para devolver la deuda, puede enfrentarse a dificultades financieras o incluso a la quiebra. Los empresarios deben evaluar cuidadosamente su capacidad para generar un flujo de caja constante y predecible antes de emplear el apalancamiento financiero. Es crucial que los empresarios comprendan el concepto de ratio de apalancamiento cuando utilicen el apalancamiento financiero. El ratio de apalancamiento representa la proporción de deuda en la construcción en mayúsculas de una empresa. Un mayor ratio de apalancamiento indica un mayor grado de apalancamiento financiero, que puede amplificar los beneficios pero también aumentar el peligro de dificultades financieras. Los empresarios deben encontrar un equilibrio entre maximizar los rendimientos y mantener un nivel de endeudamiento manejable. Además, los empresarios deben tener en cuenta el coste de los préstamos al utilizar el apalancamiento financiero. Normalmente, el endeudamiento conlleva un coste de intereses, que puede mermar la rentabilidad de la empresa. Los empresarios deben evaluar si los beneficios potenciales de la inversión compensan el coste del préstamo. Este psicoanálisis debe tener en cuenta no sólo el tipo de interés de los fondos prestados, sino también cualquier comisión o gasto asociado. Los empresarios deben comparar el coste del préstamo con fuentes alternativas de financiación, como la financiación justa o la autofinanciación, para determinar la alternativa más rentable para su empresa. Comprender y aplicar eficazmente los principios financieros es crucial para los empresarios a la hora de gestionar su dinero y hacer crecer su negocio. Desarrollando una sólida comprensión de conceptos como la dirección del flujo de caja, el plan financiero y el apalancamiento financiero, los empresarios pueden tomar decisiones informadas y maximizar la eficacia y rentabilidad de sus operaciones empresariales. Es importante que los empresarios se mantengan alerta y evalúen periódicamente su situación financiera para garantizar la sostenibilidad y el éxito a largo plazo de su empresa. Una base financiera sólida puede proporcionar a los empresarios la confianza y los recursos necesarios para navegar por el

siempre cambiante panorama empresarial y alcanzar su objetivo empresarial.

IV. GESTIÓN DE LA TESORERÍA

Se refiere al procedimiento de controlar, analizar y optimizar el flujo de entrada y salida de efectivo de una empresa. Una gestión eficaz del flujo de caja es esencial para mantener el funcionamiento diario, cumplir las obligaciones financieras y alcanzar los objetivos de crecimiento a largo plazo. Uno de los principales retos a los que se enfrentan muchos empresarios es mantener un flujo de caja positivo. Esto requiere un plan cuidadoso y una ejecución eficaz de la estrategia para garantizar que la empresa dispone de efectivo suficiente para cubrir sus gastos e invertir en oportunidades de crecimiento. El primer paso en la gestión del flujo de caja es elaborar previsiones precisas del flujo de caja. Estas previsiones proporcionan un psicoanálisis detallado de las entradas y salidas de efectivo previstas en un momento determinado, normalmente mensual o anualmente. Examinando la información histórica y haciendo suposiciones razonables sobre los ingresos y gastos futuros, los empresarios pueden hacerse una idea de su situación de tesorería y tomar decisiones con conocimiento de causa. Las proyecciones de tesorería permiten al empresario identificar posibles déficits de tesorería y tomar medidas rápidas para solucionarlos. Esto podría implicar posponer gastos no esenciales, renegociar las condiciones de pago con los proveedores o explorar opciones de financiación adicionales. Para gestionar eficazmente el flujo de caja, los empresarios deben vigilar de cerca sus cuentas por cobrar y por pagar. Las cuentas a cobrar se refieren al dinero que el cliente debe a la empresa, mientras que las cuentas a pagar representan la obligación pendiente de la empresa con los proveedores, el prestamista y otras partes interesadas. Un cliente que paga con lentitud o una cantidad excesiva de facturas vencidas pueden afectar gravemente al flujo de caja. Los empresarios deben establecer condiciones y procedimientos claros de reconocimiento de facturas, garantizar un seguimiento rápido de los pagos atrasados y considerar la posibilidad de aplicar incentivos o penalizaciones para fomentar el pago puntual. Por otra parte, es igualmente importante negociar condiciones de pago favorables con los proveedores, como la ampliación del plazo de reconocimiento o el descuento por pronto pago. Gestionando cuidadosamente las cuentas a cobrar y a pagar, los empresarios pueden mejorar su posición de tesorería y reducir el peligro de problemas de liquidez. Otro elemento esencial de la gestión del flujo de caja es el control eficaz del inventario. El inventario representa la mercancía y el material que una empresa guarda para vender o producir. Mantener unos niveles de inventario excesivos puede inmovilizar una cantidad importante de efectivo y aumentar los costes de mantenimiento. A la inversa, quedarse sin existencias puede provocar la pérdida de ventas y dañar la reputación de la empresa. Los empresarios deben encontrar un equilibrio entre tener existencias suficientes para satisfacer las necesidades de los clientes y minimizar los costes de mantenimiento. Para ello es necesario implantar un sistema eficaz de gestión de inventarios, como el modelo justo a tiempo (JIT) o de cantidad económica de pedido (ESQ). Mediante la previsión precisa de las necesidades, el control del punto de pedido y la optimización de la cantidad de pedido, los empresarios pueden garantizar que sus niveles de inventario se ajustan a sus objetivos de flujo de caja. Los empresarios deben considerar la posibilidad de establecer una reserva de efectivo o existencias para imprevistos, con el fin de amortiguar los imprevistos. Estas reservas pueden ayudar a cubrir gastos inesperados, emergencias o periodos de bajo flujo de caja. Reservar un componente de los beneficios de forma regular puede proporcionar una seguridad financiera y reducir la confianza en fuentes de financiación externas. El importe de la reserva de tesorería dependerá de las circunstancias específicas de la empresa, como su fabricación, tamaño y visibilidad del peligro. Además de mantener una reserva de efectivo, los empresarios también deben explorar otras opciones de financiación de trabajo en mayúsculas, como la línea de reconocimiento o el reconocimiento de acuerdos, para cubrir el déficit temporal de flujo de caja. Gestionar el flujo de caja es un aspecto crítico para dirigir una empresa con éxito. Desarrollando proyecciones precisas del flujo de caja, controlando de cerca las cuentas a cobrar y a pagar, gestionando eficazmente el inventario y estableciendo una reserva de efectivo, los empresarios pueden garantizar el buen procedimiento de sus negocios y alcanzar objetivos de crecimiento a largo plazo. Aunque los problemas de tesorería son habituales entre los empresarios, una estrategia eficaz de gestión del flujo de caja puede ayudar a mitigar el riesgo y posicionar a la empresa para un éxito sostenible. Mediante un plan financiero diligente, el psicoanálisis y la ejecución, los empresarios pueden navegar por la complejidad de la gestión del flujo de caja e impulsar sus negocios hacia la rentabilidad y el éxito.

DEFINICIÓN E IMPORTANCIA DE LA GESTIÓN DE TESORERÍA

Esencialmente, implica llevar un registro de las entradas y salidas de efectivo para garantizar que la empresa dispone de liquidez suficiente para hacer frente a sus obligaciones a corto plazo. La gestión del flujo de caja es de suma importancia para los empresarios, ya que influye directamente en la supervivencia, el crecimiento y la rentabilidad de sus empresas. Una de las principales razones por las que la gestión del flujo de caja es crucial para los empresarios es su papel a la hora de garantizar la supervivencia de la empresa. El flujo de caja es la savia de cualquier empresa, ya que permite a los empresarios pagar gastos esenciales como el alquiler, el salario, los servicios públicos y las facturas de los proveedores. Sin una gestión adecuada del flujo de caja, una empresa puede encontrarse rápidamente en dificultades financieras, incapaz de cumplir sus obligaciones y potencialmente abocada al fracaso. Controlando de cerca las entradas y salidas de efectivo, los empresarios pueden identificar con suficiente antelación posibles déficits de tesorería y tomar las medidas necesarias para solucionarlos, como conseguir financiación adicional o renegociar las condiciones de pago con los proveedores. En consecuencia, una gestión eficaz del flujo de caja ayuda a los empresarios a mantener la salud financiera y la constancia de sus negocios. La gestión del flujo de caja es crucial para el crecimiento y la ampliación de una empresa. Uno de los principales retos a los que se enfrentan los empresarios es la gestión del tiempo de las entradas y salidas de efectivo. Por ejemplo, una empresa puede sufrir retrasos en la recepción de los pagos de los clientes, lo que provoca una escasez temporal de efectivo. Por otro lado, la empresa puede tener que pagar por adelantado a los proveedores o invertir en 'merchandising' y campañas publicitarias para atraer a nuevos clientes. En una situación así, la gestión eficaz de la tesorería resulta esencial para garantizar que la empresa tenga liquidez suficiente para cubrir sus gastos y aprovechar las oportunidades de crecimiento. Mediante la previsión precisa de los flujos de caja y la ejecución de una estrategia sólida de gestión del flujo de caja, los empresarios pueden afrontar estos retos de forma proactiva y aprovechar las perspectivas de crecimiento. La gestión del flujo de caja desempeña un papel vital en la mejora de la rentabilidad de una empresa. Supervisando de cerca y gestionando eficazmente los flujos de caja, los empresarios pueden identificar áreas de mejora potencial y aplicar estrategias para optimizar la utilización del efectivo. Por ejemplo, pueden negociar las condiciones de pago con los proveedores para permitir un ciclo de pago más amplio, liberando efectivo para otros fines. También pueden aprovechar los descuentos por pronto pago o compra mayoritaria, reduciendo costes y mejorando el flujo de caja. Además, una gestión eficaz del flujo de caja permite a los empresarios identificar y abordar la ineficacia en el cobro de las cuentas por cobrar, como aplicar una política de reconocimiento estricta, realizar comprobaciones de solvencia y establecer condiciones de pago claras con los clientes. Optimizando el tiempo y la utilización del efectivo, los empresarios pueden mejorar la rentabilidad y maximizar el rendimiento de su inversión. La gestión del flujo de caja es un aspecto crítico de la gestión financiera para los empresarios. Implica controlar y gestionar el flujo de entrada y salida de efectivo de una empresa, garantizando que dispone de liquidez suficiente para hacer frente a las obligaciones a corto plazo. La gestión del flujo de caja es de suma importancia para los empresarios, ya que influye directamente en la supervivencia, el crecimiento y la rentabilidad de sus empresas. Ayuda a garantizar la supervivencia de la empresa al permitir a los empresarios hacer frente a la posible escasez de efectivo de forma proactiva. La gestión eficaz del flujo de caja también facilita el crecimiento empresarial al permitir a los empresarios sortear los retos temporales y aprovechar las oportunidades de crecimiento. Además, mejora la rentabilidad optimizando la utilización de la tesorería e identificando áreas de mejora. Los empresarios deben dar prioridad a la gestión del flujo de caja para garantizar la salud financiera y el éxito de sus negocios.

ESTRATEGIAS PARA MEJORAR LA EFICIENCIA DEL FLUJO DE CAJA

Para mejorar la eficiencia del flujo de caja, los empresarios pueden emplear varias estrategias. Una de ellas es negociar condiciones de pago favorables con el proveedor. Negociando plazos de pago ampliados, los empresarios pueden retrasar sus salidas de caja, lo que les permite disponer de más tiempo para generar ingresos antes de tener que realizar pagos. Además, los empresarios deben considerar la posibilidad de aplicar prácticas estrictas de dirección de tesorería, como controlar las entradas y salidas de efectivo con regularidad. Controlando de cerca los flujos de caja, los empresarios pueden identificar las áreas en las que el efectivo está inmovilizado innecesariamente y tomar medidas para rectificar la situación. Otra estrategia que puede ayudar a mejorar la eficiencia del flujo de caja es animar a los clientes a realizar los pagos a tiempo. Esto puede lograrse ofreciendo incentivos por los pagos anticipados o aplicando penalizaciones por demora. Los empresarios deben analizar sus niveles de inventario y su objetivo para optimizarlos. Reduciendo el exceso de inventario y asegurándose de que se dispone de la cantidad adecuada de existencias, los empresarios pueden mejorar el flujo de caja reduciendo al mínimo las existencias inmovilizadas. Los empresarios deben revisar sus cuentas por cobrar para identificar cualquier pago atrasado y tomar las medidas adecuadas para agilizar su cobro. Esto puede implicar aplicar una política de reconocimiento más estricta o contactar directamente con el cliente para recordarle su factura pendiente. Los empresarios deben plantearse explorar opciones de financiación alternativas para mejorar la eficiencia del flujo de caja. Esto podría incluir la obtención de una línea de reconocimiento o la obtención de un LED para cubrir las necesidades de tesorería a corto plazo. Al tener acceso a una caja adicional, los empresarios pueden asegurarse de que pueden cumplir sus obligaciones financieras sin forzar el flujo de caja. Otra estrategia para mejorar la eficiencia del flujo de caja es minimizar los gastos generales. Esto podría implicar renegociar el contrato de alquiler, encontrar un proveedor más rentable o aplicar medidas de recorte de gastos dentro del establecimiento. Al reducir los gastos innecesarios, los empresarios pueden liberar efectivo que puede utilizarse para financiar el crecimiento de la empresa o solucionar cualquier desfase de tesorería. Además, los empresarios deben considerar la posibilidad de aplicar previsiones de tesorería. Proyectando las futuras entradas y salidas de efectivo, los empresarios pueden anticipar posibles problemas de tesorería y tomar medidas proactivas para gestionarlos. Esto podría implicar ajustar el patrón de gastos, conseguir financiación adicional o buscar oportunidades para aumentar los ingresos. Los empresarios deben considerar la posibilidad de establecer una reserva de efectivo. Apartando un componente de sus beneficios como reserva de efectivo, los empresarios pueden asegurarse unos ingresos seguros en caso de gastos inesperados o recesión económica. Esto proporcionará pacificación psíquica y reducirá la tensión financiera de la empresa. Mejorar la eficiencia del flujo de caja es crucial para el logro y la sostenibilidad de cualquier negocio. Aplicando estrategias como la negociación de las condiciones de pago, la supervisión de los flujos de caja, el fomento de los pagos puntuales de los clientes, la optimización de los niveles de inventario, la revisión de las cuentas por cobrar, la exploración de opciones de financiación alternativas, la minimización de los gastos generales, la aplicación de previsiones de flujo de caja y el establecimiento de una reserva de efectivo, los empresarios pueden gestionar eficazmente sus flujos de caja y garantizar el crecimiento a largo plazo de su negocio. Esta estrategia requiere un plan cuidadoso y un seguimiento regular, pero los beneficios de la mejora de la eficacia del flujo de caja bien merecen el intento.

CONTROLAR Y ANALIZAR PERIÓDICAMENTE EL FLUJO DE CAJA

No se puede omitir la importancia que tiene para los empresarios controlar y analizar regularmente el flujo de caja. El flujo de caja es la savia de cualquier empresa, ya que representa la entrada y salida de dinero. Supervisar el flujo de caja permite a los empresarios conocer en tiempo real la salud financiera de su negocio, lo que les permite tomar decisiones informadas y adoptar las medidas adecuadas para garantizar el éxito a largo plazo de su aventura. Controlar regularmente el flujo de caja proporciona a los empresarios una fotografía clara de cuánto dinero entra en el negocio y cuánto sale. Analizando esta información, los empresarios pueden identificar cualquier discrepancia o problema que pueda estar afectando a su flujo de caja. Pueden descubrir que sus clientes no están pagando sus facturas a tiempo, lo que provoca una escasez de efectivo. Esta información permite a los empresarios aplicar estrategias para mejorar el cobro o renegociar el plazo de pago, garantizando un flujo constante de efectivo en la empresa. Supervisar el flujo de caja permite a los empresarios identificar patrones o tendencias en la ejecución financiera de su empresa. Pueden observar cómo fluctúa el flujo de caja a lo largo del año, lo que les permite anticipar periodos de alto o bajo flujo de caja y programar en consecuencia. Esto es especialmente importante para los negocios estacionales, ya que necesitan gestionar su flujo de caja durante los periodos de menor actividad, cuando los ingresos son más bajos. Al comprender estos patrones, los empresarios pueden tomar decisiones empresariales estratégicas, como ajustar el nivel de inventario, el personal y el esfuerzo de comercialización, para alinearse con el cambio previsto en el flujo de caja. Además de proporcionar información sobre las operaciones diarias, controlar el flujo de caja también ayuda a los empresarios a evaluar la viabilidad financiera de su negocio a largo plazo. Analizando regularmente el flujo de caja, los empresarios pueden determinar si su negocio genera suficiente efectivo para cubrir sus gastos y cumplir sus obligaciones financieras. Esto es fundamental para tomar decisiones empresariales importantes, como ampliar las operaciones, invertir en nuevos equipos o buscar financiación externa. Examinando su flujo de caja, los empresarios pueden evaluar si tienen suficiente reserva de efectivo para respaldar su plan de aumento o si necesitan conseguir financiación adicional para evitar la escasez de efectivo. Supervisar y analizar regularmente el flujo de caja permite a los empresarios evaluar la potencia de su estrategia financiera y hacer ajustes si es necesario. Pueden evaluar el efecto de ofrecer descuentos o plazos de reconocimiento a los clientes sobre su flujo de caja y su rentabilidad. Revisando el informe de flujo de caja, los empresarios pueden identificar áreas de ineficacia o despilfarro y aplicar medidas de ahorro para mejorar su cuenta de resultados. Otro aspecto crítico del control periódico del flujo de caja es su papel en la gestión del riesgo y la garantía de la constancia financiera de la empresa. Al identificar a tiempo los posibles problemas de tesorería, los empresarios pueden tomar medidas proactivas para mitigar el riesgo y proteger su empresa de los desequilibrios financieros. Esto puede incluir crear una reserva de efectivo para amortiguar los gastos inesperados o la recesión económica, establecer una línea de reconocimiento con la institución financiera o diversificar el flujo de ingresos para reducir la confianza en un único cliente o mercado. Supervisar y analizar regularmente el flujo de caja es esencial para que los empresarios comprendan la salud financiera de su negocio y tomen decisiones con conocimiento de causa. Controlando de cerca el flujo de caja, los empresarios pueden identificar problemas, anticipar tendencias, evaluar la viabilidad financiera, ajustar la estrategia y gestionar el riesgo con eficacia. El flujo de caja es una métrica crítica que debe gestionarse con diligencia, ya que afecta a todos los aspectos de las operaciones de una empresa y a su éxito a largo plazo. Los empresarios deben dar prioridad a la supervisión y el análisis regular del flujo de caja para garantizar la constancia y el aumento financieros de su empresa. Comprender y gestionar eficazmente las finanzas es crucial para que los empresarios hagan crecer su negocio con éxito. Familiarizándose con los principios financieros fundamentales y aplicando estrategias financieras sólidas, los empresarios pueden tomar decisiones con conocimiento de causa, minimizar los riesgos y maximizar los beneficios. Una sólida comprensión de los flujos de caja, los presupuestos, los estados financieros y la evaluación permite a los empresarios hacer un seguimiento y asignar los recursos con eficacia, lo que conduce a mejores resultados empresariales. Los empresarios también deben conocer las distintas fuentes de financiación de que disponen y los costes y riesgos asociados. Diversificando sus fuentes de financiación, los empresarios pueden protegerse contra la inestabilidad financiera y aprovechar las oportunidades de crecimiento. Además, los empresarios deben establecer un plan financiero y supervisar periódicamente los resultados de su empresa en relación con su objetivo financiero. Esto les permite hacer los ajustes necesarios y tomar decisiones informadas para optimizar el crecimiento de su negocio. Los empresarios deben buscar asesoramiento profesional de expertos financieros y contables que puedan orientarles y apoyarles en la interpretación de la información financiera y la toma de decisiones financieras estratégicas. Los empresarios también deben cultivar buenos hábitos financieros, como mantener un registro financiero preciso, separar las finanzas personales de las empresariales y practicar un gasto prudente. Siguiendo estos principios financieros, los empresarios pueden establecer una base sólida para el crecimiento y superar los retos financieros que puedan surgir en su viaje empresarial. En resumen, las finanzas no son sólo una cuestión de números, sino un aspecto fundamental de la iniciativa empresarial que sustenta el éxito y la sostenibilidad de un negocio. En resumen, las finanzas desempeñan un papel fundamental en el éxito de los empresarios y sus negocios. Proporciona el modelo necesario para la toma de decisiones, la asignación de recursos y el crecimiento. Comprendiendo los principios financieros clave y aplicando estrategias financieras eficaces, los empresarios pueden navegar por el complejo panorama financiero y optimizar los resultados de su negocio. La dirección del flujo de caja, la elaboración de presupuestos, los estados financieros y la evaluación son herramientas esenciales que los empresarios deben dominar para garantizar la asignación eficaz de recursos. Los empresarios también deben considerar las distintas fuentes de financiación de que disponen y los costes y riesgos asociados. Diversificando su financiación y buscando asesoramiento profesional, los empresarios pueden protegerse contra la inestabilidad financiera y aprovechar las oportunidades de crecimiento. Además, un plan financiero bien definido y un seguimiento periódico del rendimiento de la empresa ayudan a los empresarios a mantenerse en el buen camino y a tomar decisiones con conocimiento de causa. Cultivar unos buenos hábitos financieros contribuye al bienestar financiero general de la empresa y fomenta el éxito a largo plazo. Las finanzas son un aspecto fundamental de la iniciativa empresarial que los empresarios deben adoptar para gestionar eficazmente su dinero y hacer crecer su negocio.

V. OPCIONES DE FINANCIACIÓN PARA LOS EMPRESARIOS

A menudo se enfrentan a la desalentadora tarea de encontrar los fondos necesarios para poner en marcha o hacer crecer su negocio. Afortunadamente, hay varias opciones de financiación disponibles para los empresarios, cada una con sus propias ventajas e inconvenientes. Una opción es el bootstrapping, que consiste en utilizar los ahorros personales o confiar en amigos y parientes para obtener apoyo financiero. El bootstrapping permite el máximo dominio y tractabilidad, ya que los empresarios no están en deuda con inversores externos. Puede limitar el crecimiento posible de la empresa debido a la falta de capital suficiente. Otra opción es el crowdfunding, que ha ganado popularidad en los últimos días. El crowdfunding consiste en recaudar fondos de un gran número de particulares a través de una plataforma online. Este método no sólo proporciona acceso al capital, sino que también sirve como instrumento de comercialización, permitiendo a los empresarios ganar vulnerabilidad y probar el mercado para su mercancía o servicio. Los empresarios tienen que promocionar activamente su cruzada y pueden enfrentarse al reto de destacar entre la multitud de otros proyectos que buscan financiación. Una opción de financiación más tradicional es buscar financiación en un banco o institución financiera. Esto implica solicitar un préstamo o una línea de reconocimiento, que puede proporcionar a los empresarios el capital necesario para poner en marcha o ampliar su negocio. Los bancos suelen exigir un programa empresarial sólido, confirmación y una buena crónica de reconocimiento para conceder la financiación. Aunque este método proporciona acceso a fondos importantes, también conlleva el peligro del pago de deudas y preocupaciones. Además, es posible que el banco no esté dispuesto a conceder préstamos a empresas incipientes sin un disco de carreras probado. Otra opción es la financiación de capital riesgo, que implica buscar la inversión de inversores de capital riesgo. Estos inversores proporcionan financiación a cambio de equidad en el partido y suelen tener experiencia en fabricación y conexiones que pueden beneficiar a los empresarios. Aunque el capital riesgo puede inyectar una importante suma de capital en la empresa y proporcionar un valioso apoyo, es posible que los empresarios tengan que renunciar a un componente de su posesión y fuerza de decisión. Los capitalistas de riesgo suelen invertir en negocios de alto potencial de crecimiento, lo que los convierte en una opción más adecuada para determinados sectores. Los empresarios pueden explorar las ayudas y subvenciones del gobierno. El gobierno suele proporcionar apoyo a los empresarios mediante subvenciones, incentivos fiscales o subvenciones para una industria o actividad específica. Estos programas varían según el país y pueden aliviar significativamente la carga financiera de crear o desarrollar una empresa. Las subvenciones públicas pueden estar sujetas a un estricto criterio de elegibilidad y a amplios procesos de revestimiento, lo que las convierte en una opción de financiación que requiere más tiempo. Los empresarios deben considerar detenidamente su necesidad empresarial específica, las perspectivas de aumento y la permisividad del peligro a la hora de elegir una opción de financiación. Es crucial que los empresarios tengan un conocimiento sólido de su situación financiera, incluido su flujo de caja actual, los ingresos y gastos previstos, así como su objetivo financiero a largo plazo. Este conocimiento permitirá a los empresarios evaluar qué opciones de financiación se alinean mejor con su objetivo empresarial. Además, los empresarios deben dirigirse a múltiples fuentes de financiación y considerar una combinación de opciones de financiación, ya que depender de un único generador puede limitar sus opciones o crear dependencia. Diversificando su fuente de financiación, los empresarios pueden mitigar el riesgo financiero y aumentar sus probabilidades de conseguir fondos. La financiación es una faceta crítica de la iniciativa empresarial, ya que proporciona el capital necesario para poner en marcha o hacer crecer un negocio. Con toda una serie de opciones de financiación disponibles, los empresarios pueden elegir el método que mejor se adapte a sus necesidades y preferencias. Ya sea bootstrapping, crowdfunding, préstamo de depósito, capital riesgo o subvenciones públicas, cada opción tiene sus ventajas y desventajas, y los empresarios deben evaluar cuidadosamente su elección. Comprendiendo el principio y la estrategia financieros que subyacen a estas opciones de financiación, los empresarios pueden gestionar su dinero con eficacia, minimizar el riesgo y preparar su negocio para que aumente y alcance logros a largo plazo.

DIFERENTES OPCIONES DE FINANCIACIÓN A DISPOSICIÓN DE LOS EMPRENDEDORES: FINANCIACIÓN MEDIANTE CAPITAL PROPIO, FINANCIACIÓN MEDIANTE DEUDA, CROWDFUNDING, ETC.

Uno de los aspectos más críticos a la hora de poner en marcha y hacer crecer un negocio con éxito es comprender las distintas opciones de financiación disponibles para los empresarios. La financiación es el alma de cualquier iniciativa, y elegir el método adecuado puede suponer un globo de divergencia a la hora de lograr el éxito a largo plazo. Hay varias opciones que los empresarios pueden explorar para financiar su empresa, como la financiación mediante capital propio, la financiación mediante deuda y el crowdfunding. La financiación de capital es un método de obtención de capital mediante la venta de una parte de la posesión de la parte al inversor. Este tipo de financiación suele verse en la fase inicial de una empresa, sobre todo cuando el empresario carece de fondos personales para invertir. A cambio del apoyo financiero, el inversor recibe un porcentaje de la posesión de la parte. La financiación de capital puede proceder de diversas fuentes, como inversores ángeles, capitalistas de aventura e incluso amigos y familiares. Aunque la financiación de capital puede proporcionar una importante suma de capital a los empresarios, también significa renunciar a un componente de mando y al potencial beneficio próximo. Los empresarios deben considerar detenidamente las ventajas y desventajas de la financiación mediante capital propio antes de tomar una decisión, ya que puede tener un profundo impacto en el futuro camino de la empresa. La financiación mediante deuda, por otra parte, implica tomar dinero prestado de diversas fuentes con la esperanza de reembolso con preocupación. Este método de financiación es muy utilizado por los empresarios, ya que les permite mantener el mando de su partido al tiempo que acceden a los fondos necesarios. Las opciones de financiación mediante deuda incluyen el préstamo de depósito tradicional, la línea de reconocimiento y el préstamo respaldado por el gobierno. Los empresarios deben evaluar su solvencia e idear un programa empresarial convincente para conseguir estos préstamos con éxito. Aunque la financiación mediante deuda puede proporcionar fondos inmediatos, también crea un endeudamiento financiero que hay que devolver independientemente del éxito o el fracaso del negocio. Los empresarios deben ser conscientes de su capacidad de reembolso y gestionar eficazmente su tesorería para evitar el escollo de un endeudamiento excesivo. En los últimos tiempos, el crowdfunding ha surgido como una opción de financiación alternativa para los empresarios. El crowdfunding consiste en recaudar fondos de un gran número de particulares, normalmente a través de una plataforma online. Los empresarios presentan su idea de negocio o prototipo a posibles inversores o simpatizantes que pueden aportar fondos a cambio de un pago o una participación. El crowdfunding ofrece a los empresarios una oportunidad única no sólo de conseguir capital, sino también de validar su idea empresarial y crear una comunidad de clientes leales. Requiere una cruzada bien elaborada y un relato convincente para atraer suficiente interés y financiación. Además, los empresarios tienen que gestionar cuidadosamente su relación con el financiador del crowdfunding para garantizar la transparencia y la responsabilidad durante todo el procedimiento. Además de estos métodos de financiación tradicionales, los empresarios también pueden considerar opciones alternativas como las subvenciones y el bootstrapping. Las subvenciones son fondos no reembolsables proporcionados por una agencia administrativa, fundación u organización para apoyar un proyecto o iniciativa específicos. Los empresarios tienen que identificar las subvenciones subvencionables y preparar una solicitud convincente para conseguir este tipo de financiación. El Bootstrapping, por otra parte, implica utilizar los ahorros personales o reinvertir los beneficios dentro de la empresa para financiar su crecimiento. Este método requiere que los empresarios sean frugales e ingeniosos, ya que a menudo significa renunciar a la recompensa inmediata en favor del éxito a largo plazo. Comprender las distintas opciones de financiación de que disponen los empresarios es crucial para el éxito de su negocio. La financiación mediante capital social, la financiación mediante deuda, el crowdfunding, las subvenciones y el bootstrapping son métodos viables para obtener capital, cada uno con sus ventajas y sus dificultades. Los empresarios deben evaluar cuidadosamente la necesidad y el objetivo de su empresa para seleccionar la opción de financiación más adecuada. También deben considerar factores como la orden, el plazo de devolución y el impacto en la rentabilidad futura. Tomando una decisión informada sobre la financiación, los empresarios pueden prepararse para un aumento sostenible y el éxito de su empresa.

PROS Y CONTRAS DE CADA OPCIÓN DE FINANCIACIÓN

Una de las opciones de financiación más habituales es la financiación mediante deuda, que consiste en pedir dinero prestado a un prestamista y devolverlo con intereses a lo largo de un cierto tiempo. La ventaja de la financiación mediante deuda es que permite a los empresarios mantener la propiedad y el control plenos de su empresa, al tiempo que acceden al capital que necesitan para crecer. Además, los intereses pagados por estos préstamos pueden ser deducibles fiscalmente, lo que proporciona cierta ayuda financiera. La financiación mediante deuda también tiene algunos inconvenientes. Por un lado, puede ser difícil para los empresarios con una crónica de reconocimiento limitada o una puntuación de reconocimiento baja conseguir préstamos. Asumir demasiadas deudas puede suponer una pesada carga financiera, sobre todo si la empresa experimenta una recesión o lucha por generar suficiente flujo de caja para hacer frente a su obligación de préstamo. Otra opción de financiación disponible para los empresarios es la financiación de capital, que implica vender una parte de la empresa a cambio de mayúsculas. Esto puede hacerse a través de inversores privados, capitalistas de aventura, o incluso haciéndose público y vendiendo acciones en el mercado de inventarios. La ventaja de la financiación mediante capital propio es que no obliga a los empresarios a endeudarse ni a pagar préstamos periódicamente. En su lugar, los inversores se convierten en propietarios parciales de la empresa y participan en sus beneficios futuros. Esto puede ser especialmente beneficioso para los empresarios con fondos personales limitados o una deficiencia de confirmación para garantizar los préstamos. Además, la incorporación de inversores de capital puede aportar valiosos conocimientos, tutoría y oportunidades de establecer contactos. La financiación mediante capital también tiene algunos inconvenientes. Por un lado, los empresarios deben estar dispuestos a renunciar a una parte de su propiedad y control de la empresa. Esto significa que pueden tener que consultar a los inversores y recibir su aprobación sobre decisiones empresariales importantes. Los inversores pueden tener mayores expectativas de rentabilidad de su inversión, lo que aumenta la presión sobre el empresario para que ofrezca una sólida ejecución financiera. Una opción de financiación menos tradicional a disposición de los empresarios es el crowdfunding. Con el auge del ciberespacio y los medios sociales, el crowdfunding se ha convertido en una vía cada vez más popular para que los particulares recauden fondos para su aventura empresarial. Se trata de solicitar pequeñas cantidades de dinero a un gran número de personas a través de una plataforma online. La ventaja del crowdfunding es que puede proporcionar a los empresarios la admisión a un amplio estanque de inversores potenciales, incluidas personas que normalmente no invierten en negocios. Además, el crowdfunding permite a los empresarios calibrar el interés del mercado y recibir comentarios sobre su mercancía o servicio antes de lanzarlo por completo. La financiación colectiva también plantea algunos retos. La competencia por la financiación puede ser feroz, y los empresarios deben tener una propuesta de valor completa y única para destacar entre la multitud. Además, la campaña de crowdfunding requiere mucho tiempo y esfuerzo para planificarla, ejecutarla y gestionarla, lo que puede desviar la atención y los recursos de otras actividades empresariales. Hay varias opciones de financiación a disposición de los empresarios, cada una con sus propias ventajas e inconvenientes. La financiación mediante deuda permite a los empresarios admitir mayúsculas mientras mantienen el control de su negocio, pero puede ser difícil de obtener y puede suponer una pesada carga financiera. La financiación mediante deuda permite a los empresarios mantener el control de su negocio, pero puede ser difícil de obtener y puede suponer una pesada carga financiera. El crowdfunding ofrece una vía única para recaudar fondos y examinar el interés del mercado, pero requiere mucho tiempo y esfuerzo. Los empresarios deben evaluar cuidadosamente cada opción de financiación y elegir la que se ajuste a su objetivo empresarial, capacidad financiera y permisividad ante el peligro.

FACTORES A TENER EN CUENTA AL ELEGIR LA OPCIÓN DE FINANCIACIÓN MÁS ADECUADA PARA UNA EMPRESA

El primer factor esencial que hay que tener en cuenta es el coste de la financiación. Los empresarios tienen que determinar el coste total del préstamo, incluidos el tipo de interés, las comisiones y los gastos, para evaluar la asequibilidad y sostenibilidad de la opción de financiación. Esto les permitirá evaluar si el beneficio potencial derivado de la opción de financiación compensa su coste, y si se alinea con el objetivo financiero de la empresa. Otro factor crítico son las condiciones de reembolso y el tiempo. Los empresarios deben revisar detenidamente el calendario de reembolsos, incluida la frecuencia y duración del pago, para asegurarse de que pueden cumplir la obligación financiera sin poner en peligro el flujo de caja y la constancia general del negocio. La trazabilidad en las opciones de reembolso y la capacidad de negociar las condiciones con el prestamista también pueden ser ventajosas para gestionar eficazmente la financiación empresarial. Además del coste y las condiciones de reembolso, los empresarios también deben considerar el nivel de peligro asociado a las distintas opciones de financiación. La financiación mediante deuda, por ejemplo, exige un pago regular y plantea el peligro de impago si la empresa experimenta dificultades financieras. Por el contrario, la financiación justa implica compartir la propiedad y el control de la empresa, lo que puede limitar la libertad de decisión. Evaluando la visibilidad del peligro de las distintas opciones de financiación, los empresarios pueden tomar decisiones informadas que se ajusten a su permisividad ante el peligro y a su esquema empresarial general. Otro factor importante a tener en cuenta es la velocidad y el alivio para obtener financiación. Dependiendo de la urgencia de la necesidad empresarial, los empresarios pueden necesitar explorar fuentes de financiación alternativas que puedan proporcionar financiación rápidamente. El banco tradicional puede tener un proceso de revestimiento largo, mientras que el prestamista online o la plataforma de crowdfunding pueden ofrecer un acceso más rápido a la mayúscula. Es esencial que los empresarios evalúen sus necesidades de financiación inmediatas y futuras, y elijan una opción de financiación que se ajuste a sus plazos y disponibilidad. Además, los empresarios deben evaluar el efecto de la financiación en la solvencia de su empresa y en las futuras oportunidades de financiación. Asumir deudas puede aumentar el ratio de apalancamiento y afectar a la puntuación de reconocimiento, limitando potencialmente el acceso a financiación adicional en el futuro. Los empresarios deben considerar detenidamente la importancia a largo plazo de la decisión de financiación y explorar opciones que puedan mejorar su credibilidad financiera y ampliar su capacidad de endeudamiento cuando sea necesario. Los empresarios deben evaluar el potencial de control o intervención externos al considerar las distintas opciones de financiación. La financiación equitativa, como el capital riesgo o la inversión ángel, a menudo implica renunciar a la propiedad parcial y puede requerir compartir la autorización para la toma de decisiones con el inversor. Por otro lado, la financiación mediante deuda permite a los empresarios conservar la plena propiedad y el control de la empresa, pero conlleva la obligación de devolver el préstamo. Los empresarios deben sopesar las ventajas e inconvenientes de las distintas opciones de financiación para determinar qué opción se ajusta mejor a su visión empresarial y a sus preferencias personales. Los empresarios deben evaluar críticamente el potencial de asociación estratégica a largo plazo. Aunque la financiación consiste principalmente en extraer mayúsculas, también puede presentar oportunidades para establecer una asociación que vaya más allá del apoyo financiero. Una relación de colaboración con un inversor o prestamista que aporte conocimiento, red y experiencia en fabricación puede apoyar el crecimiento y la ampliación de la empresa. Los empresarios deben tener en cuenta los beneficios intangibles que pueden aportar las distintas opciones de financiación, incluido el acceso a la tutoría, la conexión con la industria y las oportunidades de desarrollo empresarial. Evaluando estos factores de forma holística, los empresarios pueden tomar decisiones informadas sobre las opciones de financiación que no sólo abordan su necesidad inmediata en mayúsculas, sino que también contribuyen a la sostenibilidad y el aumento de su negocio a largo plazo. Uno de los conceptos más importantes que deben comprender los empresarios en materia de financiación es la gestión del flujo de caja. El flujo de caja se refiere al movimiento de dinero que entra y sale de una empresa, y es esencial para la perdurabilidad y el crecimiento de cualquier aventura. Los empresarios deben aspirar a tener un flujo de caja positivo, lo que significa que las entradas de efectivo por ventas o inversiones superan a las salidas de efectivo por gastos o inversiones. El flujo de caja positivo garantiza que la empresa tenga dinero suficiente para cubrir sus gastos corrientes y también permite futuras inversiones o ampliaciones. Por otra parte, un flujo de caja negativo puede conducir rápidamente a problemas financieros y, en última instancia, a la pérdida de un negocio. Hay varias estrategias que los empresarios pueden emplear para gestionar eficazmente su flujo de caja y garantizar su vuelo positivo. Ante todo, los empresarios deben establecer una previsión realista del flujo de caja. Una previsión de flujo de caja es una previsión de las entradas y salidas de efectivo para un momento determinado, normalmente con un fundamento mensual. Al predecir con exactitud los próximos flujos de caja, los empresarios pueden planificar en consecuencia y anticiparse a posibles déficits o excedentes. Estas previsiones deben incluir los ingresos previstos por ventas, así como los gastos previstos, como alquileres, servicios públicos, salarios y otros costes operativos. Es crucial ser conservador en la estimación de las entradas y generoso en la proyección de las salidas para tener en cuenta cualquier gasto inesperado o retraso en la recepción de los pagos de los clientes. Con una previsión exhaustiva del flujo de caja, los empresarios pueden identificar cualquier problema potencial antes de tiempo y tomar las medidas adecuadas para mitigarlo. Otro plan eficaz para la gestión del flujo de caja es aplicar unas condiciones y un método de pago eficientes. Los empresarios deben esforzarse por negociar condiciones de pago favorables con sus proveedores, como un plazo de pago más largo o descuentos por pronto pago. Esto permitirá a la empresa retener su efectivo durante más tiempo y obtener potencialmente más descuentos o ingresos de interés. Por otro lado, los empresarios deben evaluar sus propias condiciones de pago con los clientes y plantearse aplicar una política estricta para garantizar los pagos puntuales. Esto puede conseguirse ofreciendo incentivos por los pagos puntuales o estableciendo penalizaciones por los retrasos en los pagos. Optimizando tanto las entradas como las salidas de efectivo, los empresarios pueden mantener un sano equilibrio del flujo de caja. Los empresarios deben gestionar proactivamente su capital circulante para mejorar la gestión del flujo de caja. El capital circulante se refiere al activo líquido neto disponible para el funcionamiento diario, y puede tener un fuerte impacto en el flujo de caja de una empresa. Gestionando cuidadosamente el nivel de inventario, las cuentas por cobrar y las cuentas por pagar, los empresarios pueden optimizar su capital circulante y garantizar un flujo de caja fluido. Mantener un inventario reducido y realizar pedidos justo a tiempo puede ayudar a reducir los costes de mantenimiento y liberar efectivo. Además, controlar de cerca las cuentas por cobrar y hacer un seguimiento puntual de los clientes puede acelerar las entradas de efectivo. Gestionar cuidadosamente las cuentas a pagar negociando las condiciones de pago y aprovechando los descuentos por pronto pago puede contribuir a un flujo de caja positivo. La gestión del flujo de caja es una faceta vital de la gestión financiera para los empresarios. Implica controlar cuidadosamente el movimiento de dinero que entra y sale de una empresa y garantizar un flujo de caja positivo. Para gestionar eficazmente el flujo de caja, los empresarios deben establecer previsiones realistas del flujo de caja, negociar condiciones de pago favorables y optimizar su capital circulante. Aplicando esta estrategia, los empresarios pueden mantener un sano equilibrio del flujo de caja y preparar su negocio para el éxito y el crecimiento a largo plazo.

VI. ANÁLISIS DE COSTES Y ESTRATEGIAS DE PRECIOS

Comprender los costes asociados a la producción de bienes o servicios es crucial para determinar las estrategias de precios que conviene adoptar. Al realizar un análisis de costes, los empresarios deben identificar y evaluar tanto los costes fijos como los variables. Los costes fijos se refieren a los gastos que no cambian independientemente del nivel de producción, como el arrendamiento y la indemnización. Por otra parte, los costes variables están directamente ligados al nivel de producción y pueden incluir material, trabajo y utilidad. Analizando estos costes, los empresarios pueden determinar un punto de equilibrio, que es el nivel de producción necesario para cubrir todos los costes y empezar a generar beneficios. Una vez analizados los costes, los empresarios pueden pasar a establecer estrategias de fijación de precios. La fijación de precios es una decisión compleja que requiere una cuidadosa circunstancia de diversos factores, como los costes, la competencia y la demanda de los clientes. Hay varias estrategias de fijación de precios entre las que pueden elegir los empresarios, como la de coste incrementado, la basada en el mercado y la basada en el valor. El precio de coste incrementado consiste en añadir un margen al coste de producción de los bienes o servicios para determinar el precio de venta. Esta estrategia garantiza que se cubran todos los costes y permite alcanzar el margen de beneficios deseado. Puede resultar difícil determinar el margen de beneficio adecuado para que el producto o servicio sea competitivo en el mercado y, al mismo tiempo, garantice la rentabilidad. En cambio, la fijación de precios basada en el mercado tiene en cuenta los precios de productos o servicios similares en el mercado. Realizando una investigación de mercado y estudiando a la competencia, los empresarios pueden fijar sus precios basándose en lo que los clientes están dispuestos a pagar. Esta estrategia requiere un buen conocimiento del mercado objetivo y poder diferenciar el producto o servicio del de la competencia. La fijación de precios basada en el valor es un enfoque más centrado en el cliente que se centra en el valor percibido del producto o servicio. Los empresarios que utilizan esta estrategia deben determinar el precio máximo que los clientes están dispuestos a pagar en función del beneficio que reciben. Este enfoque requiere que los empresarios comuniquen eficazmente el valor de su oferta a los clientes y justifiquen el precio más alto. Los empresarios también deben tener en cuenta el concepto de elasticidad de los precios a la hora de determinar las estrategias de fijación de precios. La elasticidad del precio se refiere a la reactividad de la demanda de los clientes ante un altar en el precio. Por ejemplo, si un producto es muy elástico, un pequeño aumento del precio podría provocar una reducción significativa de la demanda. En cambio, si un producto es inelástico, es menos probable que el consumidor cambie su hábito de compra debido a un aumento del precio. Al comprender la elasticidad de precios de su producto o servicio, los empresarios pueden tomar decisiones informadas sobre el cambio de precios y la promoción. Además de estas estrategias de fijación de precios, los empresarios también pueden considerar la fijación dinámica de precios, que consiste en ajustar los precios en función del tiempo real del mercado. Este enfoque se utiliza habitualmente en sectores como el aéreo, el hotelero y el comercio electrónico, donde los precios pueden fluctuar en función de factores como la demanda, la competencia y el reloj de compra. La fijación dinámica de precios permite a los empresarios maximizar los ingresos y los beneficios aprovechando las fluctuaciones del mercado. El análisis de costes y las estrategias de fijación de precios son aspectos importantes de la gestión financiera para los empresarios. Realizando un minucioso análisis de costes, los empresarios pueden comprender sus gastos y determinar un punto de equilibrio. Esta información sirve luego de base para establecer estrategias de fijación de precios que tengan en cuenta los costes, la competencia y la demanda de los clientes. Ya sea mediante precios de coste incrementado, precios basados en el mercado o precios basados en el valor, los empresarios deben elegir una estrategia que se ajuste a su objetivo de clientela y a su mercado objetivo. Además, tener en cuenta la elasticidad de los precios y los precios dinámicos puede aumentar aún más la potencia de las estrategias de fijación de precios. Con una sólida comprensión de los costes y los precios, los empresarios pueden tomar decisiones informadas para gestionar sus finanzas y hacer crecer su negocio.

ANÁLISIS DE COSTES PARA DETERMINAR EL PRECIO DEL PRODUCTO/SERVICIO

Permite a los empresarios comprender el verdadero coste de producir o proporcionar su oferta y les permite tomar decisiones informadas sobre las estrategias de fijación de precios. Realizando un análisis de costes exhaustivo, los empresarios pueden calcular eficazmente la suma de ingresos necesaria para cubrir todos sus costes y generar un margen de beneficios razonable. Este conocimiento es esencial para mantener un negocio a largo plazo y garantizar su viabilidad financiera. El análisis de costes proporciona a los empresarios una visión de la rentabilidad de las distintas líneas de productos o servicios, permitiéndoles identificar qué aspectos de su negocio son más rentables y cuáles pueden necesitar un reajuste. Sin una comprensión adecuada de los costes, los empresarios corren el peligro de infravalorar sus productos o servicios, con las consiguientes pérdidas financieras y dificultades para alcanzar los objetivos de beneficios deseados. Por otra parte, un precio excesivo también puede ser perjudicial, ya que puede disuadir a los clientes potenciales de realizar una compra. El análisis de costes sirve como herramienta para evaluar la eficacia y potencia de las operaciones empresariales. Mediante el análisis de los costes, los empresarios pueden identificar las áreas en las que pueden reducir gastos y optimizar la asignación de recursos, aumentando así la eficacia general de su empresa. Por ejemplo, identificando el componente más costoso de un producto, los empresarios pueden explorar oportunidades de ahorro de costes, como buscar un proveedor alternativo o aplicar mejoras en los procedimientos. De este modo, los empresarios pueden mejorar su ventaja competitiva ofreciendo su producto o servicio a un coste inferior, sin dejar de mantener un margen de beneficio razonable. El análisis de costes puede revelar el efecto de la economía de superación, permitiendo a los empresarios determinar la intensidad de producción o prestación de servicios que daría lugar a menores costes por unidad. Este conocimiento es especialmente beneficioso para las empresas que aspiran a crecer y ampliar sus operaciones. Al comprender la dinámica de costes de su negocio, los empresarios pueden tomar decisiones informadas sobre las estrategias de ampliación, como la entrada en nuevos mercados o el aumento de la capacidad de producción. El análisis de costes desempeña un papel crucial en las decisiones de fijación de precios para los empresarios que operan en un mercado competitivo. Comprender los costes asociados a su producto o servicio permite a los empresarios determinar el umbral de precios a partir del cual su oferta deja de ser atractiva para los clientes potenciales. Además, el análisis de costes permite a los empresarios responder a la presión sobre los precios impuesta por los competidores. Controlando sus costes, los empresarios pueden identificar oportunidades de reducción de costes como reacción a las estrategias de precios agresivas de los competidores. Esta actitud proactiva permite a los empresarios mantener la lucha y, al mismo tiempo, salvaguardar la rentabilidad. Es importante que el análisis de costes no se considere un ejercicio puntual, sino un procedimiento continuo. El clima empresarial puede cambiar con el tiempo, y los factores que afectan a los costes, como el precio de los comentarios o los requisitos normativos, pueden fluctuar. Los empresarios deben revisar y actualizar periódicamente sus análisis de costes para asegurarse de que sus precios siguen siendo precisos y se ajustan a sus objetivos financieros. Además, el análisis de costes puede ampliarse más allá de una comprensión básica de los costes de producción. Los empresarios también pueden considerar otros costes relevantes, como los gastos de dispersión, comercialización o captación de clientes, para obtener una perspectiva holística de la estructura de costes. Este análisis exhaustivo de los costes proporciona a los empresarios una contemplación más precisa de los verdaderos costes asociados a su producto o servicio, permitiéndoles fijar precios que sean justos para los clientes y rentables para su empresa. El análisis de costes es primordial para determinar el precio de un producto o servicio para los empresarios. Facilita la toma de decisiones informadas, permite una asignación eficaz de los recursos, mejora la lucha y salvaguarda la rentabilidad. Realizando un análisis de costes exhaustivo, los empresarios pueden asegurarse de que sus estrategias de fijación de precios se ajustan a sus objetivos financieros, al tiempo que siguen siendo competitivos en el mercado. Pueden identificar oportunidades de reducción de costes y áreas de ampliación del negocio. El análisis de costes es una herramienta vital para gestionar los aspectos financieros de una empresa y maximizar sus logros a largo plazo.

TÉCNICAS PARA CALCULAR CON PRECISIÓN LOS COSTES: COSTES FIJOS, COSTES VARIABLES, COSTES DIRECTOS Y COSTES INDIRECTOS

Para gestionar eficazmente su dinero y hacer crecer su empresa, los empresarios deben comprender y distinguir entre varios tipos de costes. Entre ellos se incluyen los costes fijos, los costes variables, los costes directos y los costes indirectos. Los costes fijos se refieren a gastos que no cambian independientemente del nivel de producción o ventas. Algunos ejemplos de costes fijos son el alquiler, el salario y la prima de indemnización. Estos costes son esenciales para el funcionamiento de la empresa y suelen producirse con regularidad. En cambio, los costes variables varían en función del nivel de producción o de ventas. Estos costes están directamente vinculados a la intensidad de la mercancía o los servicios producidos e incluyen elementos como materias primas, envases y mano de obra directa. Comprender y calcular con precisión los costes variables es crucial para los empresarios, ya que pueden influir directamente en la rentabilidad de la empresa. Los costes directos son gastos que pueden atribuirse directamente a un producto o servicio concreto. Estos costes se producen como consecuencia de la producción o entrega de un artículo concreto y pueden incluir materiales, mano de obra y otros gastos asociados. Calculando con precisión los costes directos, los empresarios pueden determinar el verdadero coste de producción de un producto o servicio y fijar los precios adecuados. Los costes indirectos, por otra parte, son gastos que no están directamente vinculados a un producto o servicio concreto, pero que son necesarios para el funcionamiento general de la empresa. Estos costes suelen compartirse entre varios productos o servicios y pueden incluir elementos como los servicios públicos, los gastos de comercialización y los costes administrativos. Calcular con precisión los costes indirectos permite a los empresarios asignar estos gastos entre los distintos productos o servicios y garantizar que se tienen en cuenta en el sistema general de fijación de precios. Para los empresarios, calcular con precisión los costes no sólo es crucial para el plan financiero y el presupuesto, sino también para tomar decisiones empresariales estratégicas. Al comprender los distintos tipos de costes y cómo afectan a la empresa, los empresarios pueden tomar decisiones informadas sobre la fijación de precios, el nivel de producción y la asignación de recursos. Calculando con precisión los costes variables, los empresarios pueden determinar el nivel de equilibrio de sus productos o servicios. Éste es el nivel en el que los ingresos totales por ventas igualan a los costes totales y no se obtienen beneficios ni se sale de ellos. Conocer el nivel de equilibrio permite a los empresarios fijar el objetivo de ventas y tomar decisiones sobre la fijación de precios y la gestión de costes. Además, comprender los distintos tipos de costes permite a los empresarios identificar las áreas de gasto elevado y explorar las oportunidades de reducción de costes y mejora de la eficiencia. El cálculo preciso de los costes también desempeña un papel crucial en la previsión financiera y la gestión del riesgo. Al conocer claramente los costes asociados a su negocio, los empresarios pueden elaborar previsiones financieras realistas e identificar posibles áreas de riesgo financiero. Si se prevé que los costes variables aumenten debido a un cambio en el precio de las materias primas, los empresarios pueden incluir esta información en sus previsiones financieras y ajustar su estrategia de precios o de gestión de costes. Calculando los costes con precisión, los empresarios pueden minimizar el riesgo financiero asociado a la fluctuación inesperada de los costes y garantizar la viabilidad financiera a largo plazo de su empresa. El cálculo preciso de los costes es una faceta esencial de las finanzas para los empresarios. Comprender y distinguir entre costes fijos, costes variables, costes directos y costes indirectos permite a los empresarios gestionar eficazmente su dinero y hacer crecer su negocio. Calculando los costes con precisión, los empresarios pueden tomar decisiones empresariales con conocimiento de causa, fijar precios adecuados y elaborar previsiones financieras realistas. El cálculo preciso de los costes desempeña un papel crucial en la gestión del riesgo y garantiza la viabilidad financiera a largo plazo de la empresa.

ESTRATEGIAS PARA FIJAR PRECIOS COMPETITIVOS GARANTIZANDO LA RENTABILIDAD

Las estrategias para fijar precios competitivos y, al mismo tiempo, garantizar la rentabilidad de una clientela requieren una circunstancia y un psicoanálisis cuidadosos. Es esencial encontrar un equilibrio entre ser competitivo en el mercado y garantizar un margen de beneficios razonable. Una estrategia que pueden utilizar los empresarios es la fijación de precios basada en los costes. Este planteamiento implica determinar los costes en que se incurre al fabricar un producto o prestar un servicio y añadir un margen de beneficio para cubrir tanto los costes directos como los gastos generales. Calculando con precisión los costes e incorporando un margen de beneficio adecuado, los empresarios pueden fijar precios que garanticen la rentabilidad sin sacrificar la lucha. Otra estrategia que pueden emplear los empresarios es la fijación de precios basada en el valor. Este enfoque implica considerar el valor percibido que los clientes obtienen de un producto o servicio y fijar los precios en consecuencia. Comprendiendo la percepción de valor de los clientes y posicionando su oferta en consecuencia, los empresarios pueden fijar precios que maximicen los beneficios sin dejar de ser competitivos en el mercado. Otra táctica que pueden utilizar los empresarios es la fijación de precios competitivos. Esto implica analizar las estrategias de precios de los competidores y ajustar los precios en consecuencia. Si los competidores cobran precios significativamente más bajos por un producto o servicio similar, puede que los empresarios tengan que bajar sus precios para seguir siendo competitivos. Por el contrario, si los competidores cobran precios más altos, los empresarios pueden tener la oportunidad de aumentar sus precios sin dejar de atraer clientes. Los empresarios también pueden plantearse aplicar estrategias de precios dinámicos. Este enfoque consiste en ajustar los precios en función de las condiciones del mercado, como las necesidades, el nivel de existencias o el factor estacional. Aprovechando la información y la ingeniería, los empresarios pueden ajustar dinámicamente los precios para maximizar la rentabilidad. Por ejemplo, un minorista de comercio electrónico puede bajar los precios en horas valle para estimular la venta y aumentar los ingresos. A la inversa, pueden subir los precios durante el periodo de mayor demanda para obtener beneficios adicionales. Además, los empresarios pueden considerar los precios promocionales como una estrategia tanto para atraer clientes como para mantener la rentabilidad. La reducción temporal de precios, los descuentos o las ofertas combinadas pueden utilizarse para incentivar a los clientes a elegir su producto o servicio frente a los competidores. Es crucial asegurarse de que las estrategias de precios promocionales están alineadas con el objetivo general de rentabilidad y no erosionan el margen a largo plazo. Los empresarios también pueden utilizar estrategias de descremado de precios o de fijación de precios de penetración. El descremado de precios consiste en fijar inicialmente precios altos para un producto innovador o único y bajarlos gradualmente a medida que se intensifica la competencia o se lanza una nueva versión del producto. Esta estrategia permite a los empresarios maximizar los beneficios de los primeros en adoptar el producto y, al mismo tiempo, captar una mayor cuota de mercado a lo largo del tiempo. Por otro lado, la fijación de precios de penetración consiste en fijar precios iniciales bajos para ganar rápidamente cuota de mercado y atraer clientes. A medida que se establece la marca y se desarrolla la lealtad de los clientes, los empresarios pueden aumentar gradualmente los precios para garantizar la rentabilidad. Fijar precios competitivos al tiempo que se garantiza la rentabilidad requiere que los empresarios empleen diversas estrategias adaptadas a su clientela específica y a las circunstancias del mercado. Teniendo en cuenta los precios basados en los costes, los precios basados en el valor, los precios competitivos, los precios dinámicos, los precios promocionales y el descremado de precios o los precios de penetración, los empresarios pueden maximizar sus beneficios sin dejar de ser competitivos. Es crucial que los empresarios vigilen continuamente las condiciones del mercado, las estrategias de precios de los competidores y la percepción de los clientes para ajustar sus estrategias de precios en consecuencia. Como empresario, entender cómo gestionar las finanzas es esencial para el logro y el aumento de tu negocio. La gestión financiera implica diversas actividades, como la presupuestación, la previsión y el análisis de los estados financieros, que desempeñan un papel crucial en la toma de decisiones. Un precepto financiero fundamental que los empresarios deben comprender es la concepción del flujo de caja. El flujo de caja representa la entrada y salida de dinero en un negocio, y es crucial para garantizar el funcionamiento estable de tu empresa. Si controlas y gestionas eficazmente tu flujo de caja, podrás evitar posibles dificultades financieras y mantener la constancia. Para empezar, la elaboración de presupuestos es una faceta crítica de la gestión financiera que ayuda a los empresarios a programar y asignar sus recursos con sensatez. Un presupuesto es un programa detallado que esboza las entradas y salidas de fondos de tu empresa a lo largo de un punto determinado. Te permite estimar tus ingresos y gastos con precisión, asegurándote de que tus ingresos son suficientes para cubrir tus costes. Creando un presupuesto realista, puedes evitar gastar más de la cuenta e identificar posibles áreas de reducción de precios. Además, controlar tu rendimiento financiero real en comparación con tu presupuesto te permite evaluar el bienestar financiero de tu empresa y hacer los ajustes necesarios. La previsión es otro instrumento esencial para que los empresarios gestionen sus finanzas con eficacia. La previsión consiste en estimar los resultados financieros futuros basándose en la información histórica y la tendencia del mercado. Al prever tus ingresos y gastos, puedes anticipar posibles cambios en el flujo de caja de tu empresa y tomar decisiones informadas en consecuencia. Por ejemplo, si tu previsión indica una posible reducción de las ventas, puedes ajustar proactivamente tus gastos o buscar financiación adicional para mitigar el impacto. Por el contrario, si tu previsión muestra una posibilidad de aumento, puedes planificar la ampliación o invertir en nuevos recursos para aprovechar ese potencial. Analizar los estados financieros es un logro crucial que los empresarios deben desarrollar para comprender el rendimiento financiero de su empresa. Los estados financieros, como la cuenta de resultados, el estado de equilibrio y el estado de flujo de caja, proporcionan una valiosa información sobre los ingresos, gastos, activo, pasivo y flujo de caja de tu empresa. Analizando estos estados, puedes identificar tendencias, comparar tu rendimiento con el punto de referencia de fabricación y tomar decisiones basadas en datos. Si el margen de maniobra de tus beneficios está disminuyendo, puedes investigar la causa subyacente y aplicar medidas correctivas para mejorar la rentabilidad. Gestionar eficazmente tu flujo de caja es vital para la sostenibilidad financiera de tu empresa. Los problemas de tesorería pueden surgir cuando tus gastos superan a tus ingresos, lo que te dificulta cumplir tus obligaciones financieras, como pagar a un proveedor o a un empleado. Para gestionar tu flujo de caja, debes controlar con diligencia tus cobros y pagos. El retraso en el pago del cliente o la ampliación del plazo de reconocimiento concedido al cliente pueden afectar negativamente a tu flujo de caja. Del mismo modo, aplazar el pago del género puede tensar tu relación e impactar en tu fuerza de compra. Manteniendo un flujo de caja sólido, puedes asegurarte de que dispones de fondos suficientes para cubrir tus gastos e invertir en futuras oportunidades de aumento. Comprender los principios financieros fundamentales y aplicarlos a tu negocio es crucial para los empresarios. Dominando la técnica de gestión financiera, como la presupuestación, la previsión y el análisis de los estados financieros, puedes tomar decisiones informadas que mejoren el bienestar financiero de tu empresa. Prestar especial atención a la gestión del flujo de caja es vital para mantener la constancia y garantizar el funcionamiento estable de tu empresa. Aplicando una estrategia eficaz de control y gestión del flujo de caja, puedes mitigar las posibles dificultades financieras y preparar tu empresa para un crecimiento sostenible.

VII. PRESUPUESTO DE CAPITAL Y DECISIONES DE INVERSIÓN

El presupuesto de capital es un aspecto esencial de la dirección financiera para los empresarios, ya que implica la toma de decisiones estratégicas de inversión que pueden influir significativamente en el éxito a largo plazo de una empresa. Este procedimiento implica evaluar las inversiones potenciales y determinar si merece la pena realizarlas en función de sus rendimientos y riesgos previstos. Al comprender los principios de la presupuestación de capital, los empresarios pueden tomar decisiones informadas que maximicen el valor de sus inversiones. Un concepto fundamental en la presupuestación de capital es el valor temporal del dinero. Este principio reconoce que un dólar recibido en el futuro vale menos que un dólar recibido ahora, debido al precio de oportunidad de la espera. Esto significa que el merecimiento de una inversión no se basa únicamente en su valor nominal, sino también en cuándo se recibirán los beneficios. Para tener esto en cuenta, los empresarios utilizan diversas técnicas, como el análisis del flujo de caja descontado, para estimar el valor actual de los flujos de caja futuros. Al descontar los flujos de caja futuros, los empresarios pueden comparar inversiones con distintos plazos y seleccionar la que ofrezca el mayor valor actual neto. Otro aspecto importante del presupuesto de capital es la evaluación del riesgo asociado a una inversión. El riesgo se refiere a la incertidumbre de conseguir los rendimientos esperados de una inversión. Los empresarios deben considerar tanto el riesgo sistemático, que es el riesgo de todo el mercado que no puede diversificarse, como el riesgo no sistemático, que es exclusivo de una inversión concreta y puede reducirse mediante la variegación. Para evaluar el riesgo de una inversión, los empresarios utilizan diversas técnicas, como el análisis de sensibilidad y el análisis de escenarios, para evaluar el impacto de distintos factores en los rendimientos esperados de la inversión. Comprendiendo el equilibrio entre riesgo y rentabilidad, los empresarios pueden determinar si la rentabilidad potencial de una inversión justifica sus riesgos. Los empresarios deben tener en cuenta el impacto de los impuestos en las decisiones de inversión. Los impuestos pueden afectar significativamente a la rentabilidad de una inversión al reducir los flujos de caja netos recibidos. Para tener en cuenta los impuestos, los empresarios utilizan técnicas como el análisis después de impuestos y los escudos fiscales. El análisis después de impuestos consiste en ajustar los flujos de caja esperados en función de los impuestos para calcular con precisión el valor actual neto de la inversión. Además, los escudos fiscales, como la derogación y la deducción por desembolso de intereses, pueden reducir la renta imponible y tener como consecuencia una menor carga fiscal, aumentando la rentabilidad de la inversión. Al tener en cuenta la importancia fiscal, los empresarios pueden tomar decisiones de inversión más precisas y maximizar su rentabilidad después de impuestos. Los empresarios deben considerar el impacto de la incertidumbre y la trazabilidad en las decisiones de inversión. El entorno empresarial es dinámico y puede cambiar rápidamente, dando lugar a oportunidades o riesgos imprevistos. Los empresarios deben evaluar las inversiones teniendo en cuenta la trazabilidad. El análisis de opciones reales es una técnica que incorpora el valor de la tractabilidad a las decisiones de inversión. Reconoce que algunas inversiones proporcionan el derecho pero no el deber de aprovechar la oportunidad futura. Valorando estas opciones, los empresarios pueden tomar mejores decisiones de inversión en un entorno incierto. La presupuestación del capital es un procedimiento crucial para los empresarios, ya que implica tomar decisiones estratégicas de inversión que pueden repercutir significativamente en el éxito a largo plazo de una empresa. Comprendiendo los principios del presupuesto de capital, los empresarios pueden tomar decisiones informadas que maximicen el valor de sus inversiones. Los conceptos clave del presupuesto de capital incluyen el valor temporal del dinero, la valoración del riesgo, la consideración de los impuestos y el análisis de la incertidumbre. Incorporando estos factores a sus decisiones de inversión, los empresarios pueden aumentar la probabilidad de alcanzar su objetivo financiero y hacer crecer su negocio con éxito.

DEFINICIÓN E IMPORTANCIA DEL PRESUPUESTO DE CAPITAL

La presupuestación de capital se refiere al procedimiento mediante el cual las empresas determinan qué proyectos de inversión emprender para asignar de forma óptima sus limitados recursos financieros. Implica evaluar las inversiones potenciales y determinar su viabilidad y rentabilidad a largo plazo. El significado del presupuesto de capital reside en su capacidad para guiar a los empresarios en la toma de decisiones financieras cruciales que pueden tener un efecto sustancial en el éxito o el fracaso de sus empresas. Una de las principales razones por las que el presupuesto de capital es tan importante es su papel en la maximización del rendimiento de la inversión (ROI) de una empresa. Evaluando cuidadosamente varias opciones de inversión y seleccionando las que prometen el mayor rendimiento potencial, los empresarios pueden asegurarse de que sus recursos se asignan de la forma más eficaz y eficiente. Esto, a su vez, les ayuda a generar mayores beneficios y a mejorar la valoración de los accionistas. Además del ROI, el presupuesto de capital también ayuda a los empresarios a identificar el riesgo potencial asociado a los proyectos de inversión. Al realizar una evaluación detallada del peligro, las empresas pueden comprender mejor los posibles escollos y desarrollar estrategias para mitigarlos, minimizando así las pérdidas potenciales. La presupuestación del capital desempeña un papel fundamental en la toma de decisiones estratégicas. Evaluando a fondo las oportunidades de inversión y alineándolas con la meta y los objetivos generales de la empresa, los empresarios pueden tomar decisiones informadas que estén en consonancia con su plan estratégico a largo plazo. Esto les permite dar prioridad a las inversiones cruciales para alcanzar sus objetivos empresariales, como la expansión a nuevos mercados, la introducción de nuevos productos o la mejora de su posición competitiva. Sin la presupuestación del capital, los empresarios pueden tomar decisiones de inversión impulsivas o desinformadas, lo que podría dar lugar a gastos inútiles o a la pérdida de oportunidades de crecimiento y ampliación. La presupuestación del capital facilita la asignación y presupuestación eficaces de los recursos. Al evaluar sistemáticamente distintas opciones de inversión, las empresas pueden asignar sus recursos financieros de forma que se optimice su uso. La presupuestación del capital ayuda a los empresarios a identificar los proyectos que requieren una cantidad significativa de inversión de capital y que pueden requerir opciones de financiación a largo plazo, como un préstamo de depósito o una inversión justa. Al planificar esta necesidad financiera con antelación, los empresarios pueden asegurarse los fondos necesarios y evitar posibles problemas de liquidez o retrasos en la ejecución del proyecto. Además, el presupuesto de capital permite a las empresas priorizar los proyectos en función de su urgencia y grandeza, garantizando que los recursos limitados se asignen primero a los proyectos más críticos. Otra faceta crucial de la presupuestación de capital es su capacidad de proporcionar un marco para medir y supervisar el rendimiento de los proyectos de inversión. Estableciendo una métrica de rendimiento pertinente, los empresarios pueden evaluar periódicamente la progresión y el éxito de los proyectos en curso. Esto les permite hacer ajustes a tiempo o tomar medidas correctivas si los proyectos no rinden como se esperaba, minimizando así las pérdidas potenciales. El servicio de medición y seguimiento del rendimiento de los proyectos de inversión es un valioso mecanismo de retroalimentación para los empresarios, que les permite aprender de la experiencia y perfeccionar sus próximas decisiones de inversión. El presupuesto de capital es un instrumento financiero esencial que ayuda a los empresarios a tomar decisiones de inversión con conocimiento de causa y a asignar sus recursos de forma óptima. Su significado reside en su capacidad para maximizar el rendimiento de la inversión, facilitar la toma de decisiones estratégicas, apoyar la asignación eficaz de recursos y proporcionar un marco para medir y supervisar el rendimiento de los proyectos. Utilizando la técnica del presupuesto de capital, los empresarios pueden mitigar el riesgo, aprovechar las oportunidades de aumento y, en última instancia, mejorar el bienestar financiero y el éxito de sus empresas. Es imprescindible que los empresarios comprendan la esencia del presupuesto de capital y lo apliquen con diligencia para garantizar la sostenibilidad y rentabilidad a largo plazo de su empresa.

TÉCNICAS DE EVALUACIÓN DE LAS OPORTUNIDADES DE INVERSIÓN: PERIODO DE RETORNO, VALOR ACTUAL NETO Y TASA INTERNA DE RENDIMIENTO

Otra técnica para evaluar las oportunidades de inversión es el periodo de recuperación. El periodo de recuperación es el tiempo que tarda una inversión en recuperar su coste o inversión inicial. Se calcula dividiendo el coste inicial de la inversión por las entradas de efectivo anuales. Cuanto más corto sea el periodo de recuperación, más atractiva se considera la oportunidad de inversión. El periodo de recuperación no tiene en cuenta el valor temporal del dinero y no considera los flujos de caja más allá del periodo de recuperación. El valor actual neto (VAN) es otra técnica muy utilizada para evaluar las oportunidades de inversión. El VAN es la divergencia entre el valor actual de las entradas de caja y el valor actual de las salidas de caja a lo largo de la vida de la inversión. Tiene en cuenta el valor temporal del dinero descontando los flujos de caja futuros a su valor actual utilizando un tipo de descuento. Si el VAN es positivo, se considera que la inversión es rentable. Por el contrario, si el VAN es negativo, se considera que la inversión no es rentable. Cuanto mayor sea el VAN, más atractiva se considerará la oportunidad de inversión. La tasa interna de rentabilidad (TIR) es una técnica utilizada para evaluar la rentabilidad potencial de una oportunidad de inversión. La TIR es el tipo de descuento que hace que el valor actual neto de la inversión sea igual a cero. En otras palabras, es la tasa a la que la inversión alcanza el punto de equilibrio. Si la TIR es superior a la tasa de rentabilidad exigida o a la tasa crítica de rentabilidad, se considera que la inversión es rentable. Por el contrario, si la TIR es inferior a la tasa de rentabilidad exigida, se considera que la inversión no es rentable. La TIR es una técnica útil, ya que tiene en cuenta el valor temporal del dinero y proporciona una única tasa de rentabilidad que permite comparar fácilmente distintas oportunidades de inversión. Al evaluar las oportunidades de inversión, es importante tener en cuenta los puntos fuertes y las limitaciones de cada técnica. El periodo de recuperación es una técnica sencilla y fácil de entender, pero no tiene en cuenta el valor temporal del dinero e ignora los flujos de caja más allá del periodo de recuperación. El valor actual neto tiene en cuenta el valor temporal del dinero y considera los flujos de caja a lo largo de la vida de la inversión, pero requiere la decisión de un tipo de descuento adecuado. La tasa interna de rentabilidad también tiene en cuenta el valor temporal del dinero y proporciona una única tasa de rentabilidad para comparar, pero puede ser difícil de calcular e interpretar. También es importante tener en cuenta otros factores e información cualitativa al evaluar las oportunidades de inversión. Estos pueden incluir el riesgo potencial y la incertidumbre asociados a la inversión, el encaje estratégico con la clientela, el efecto potencial sobre el funcionamiento y la ejecución financiera de la parte, y el potencial de aumento y ampliación en el futuro. Es crucial adoptar un enfoque global y holístico para evaluar las oportunidades de inversión, teniendo en cuenta tanto los factores cuantitativos como los cualitativos, con el fin de tomar decisiones de inversión bien informadas. Existen varias técnicas para evaluar las oportunidades de inversión, como el periodo de recuperación, el valor actual neto y la tasa interna de rentabilidad. Cada técnica tiene sus puntos fuertes y sus limitaciones, y debe utilizarse junto con otros factores e información cualitativa a la hora de tomar decisiones de inversión. Utilizando esta técnica con eficacia, el empresario puede tomar decisiones informadas y maximizar la rentabilidad y el potencial de aumento de su negocio.

FACTORES A TENER EN CUENTA AL TOMAR DECISIONES DE INVERSIÓN PARA EL CRECIMIENTO EMPRESARIAL

A la hora de tomar decisiones de inversión para el crecimiento de la empresa, los empresarios deben considerar detenidamente varios factores para hacer una elección informada que conduzca a un resultado satisfactorio. Un factor crucial a considerar es el entorno económico general en el que opera la empresa. Los empresarios deben evaluar la situación actual de la economía, incluidos factores como los índices de preocupación, la ostentación y el clima general del mercado. Al hacerlo, los empresarios pueden identificar si es un momento favorable para invertir y determinar los riesgos y recompensas potenciales asociados a sus decisiones de inversión. Otro factor importante a tener en cuenta es la industria específica en la que opera la empresa. Las industrias disímiles tienen distinto nivel de lucha, potencial de crecimiento y dinámica de mercado. Los empresarios deben llevar a cabo una investigación y un análisis exhaustivos para conocer a fondo la industria en la que operan. Esto incluye evaluar las tendencias del mercado, el panorama competitivo, la regulación del sector y las barreras de entrada. Al comprender las características únicas de su sector, los empresarios pueden tomar decisiones de inversión más informadas que se ajusten a la necesidad y el reto específicos de su negocio. Además, los empresarios deben evaluar el bienestar financiero y la ejecución de su propio negocio antes de tomar decisiones de inversión. Esto incluye analizar métricas financieras clave como el crecimiento de los recibos, la rentabilidad, el flujo de caja y el nivel de endeudamiento. Evaluando la potencia financiera de su negocio, los empresarios pueden determinar si tienen recursos y capacidad para financiar inversiones y mantener el crecimiento a largo plazo. También deben considerar el efecto potencial que las inversiones pueden tener en su posición financiera, como el aumento de la deuda o la dilución de la posesión. Es esencial encontrar un equilibrio entre invertir en oportunidades de crecimiento y mantener una posición financiera saneada. Además de evaluar su propio negocio, los empresarios deben evaluar también a sus competidores y al mercado en general. Esto implica realizar un análisis competitivo para comprender la fuerza, la debilidad y la estrategia de sus competidores. Al conocer las inversiones y la estrategia de crecimiento de sus competidores, los empresarios pueden identificar posibles oportunidades para su propio negocio. Además, los empresarios deben analizar las tendencias del mercado y las preferencias de los clientes para identificar nuevas oportunidades de crecimiento y posibles amenazas. Adelantándose a las tendencias del mercado, los empresarios pueden posicionar su negocio para conseguir logros y tomar decisiones de inversión que les ayuden a aprovechar las oportunidades del mercado. La valoración del riesgo es otro factor crítico que hay que tener en cuenta al tomar decisiones de inversión. Toda inversión conlleva un cierto nivel de riesgo, y los empresarios deben evaluar cuidadosamente los riesgos potenciales y su permisividad al riesgo. Esto incluye realizar un análisis exhaustivo de los riesgos financieros y no financieros. Los riesgos financieros pueden incluir factores como la imprevisibilidad del mercado, la fluctuación de los tipos de interés o el cambio en los requisitos de los clientes. Los riesgos no financieros pueden incluir factores como cambios normativos, avances tecnológicos o interrupción de la cadena de suministro. Al comprender los riesgos potenciales asociados a sus inversiones, los empresarios pueden desarrollar una estrategia para mitigar esos riesgos y tomar decisiones informadas que se ajusten a su permisividad ante el riesgo. Al tomar decisiones de inversión para el crecimiento empresarial, los empresarios deben considerar cuidadosamente varios factores. Entre ellos se incluyen la evaluación del entorno económico general, la comprensión de la dinámica específica del sector, la evaluación de la solvencia financiera de su propio negocio, el análisis de los competidores y las tendencias del mercado, y la realización de una valoración exhaustiva de los riesgos. Teniendo en cuenta estos factores, los empresarios pueden tomar decisiones de inversión con conocimiento de causa, que contribuirán al crecimiento con éxito y a la sostenibilidad a largo plazo de su empresa. Uno de los principios financieros más fundamentales que los empresarios deben comprender y aplicar a su negocio es el concepto de gestión del flujo de caja. El flujo de caja se refiere al movimiento de dinero que entra y sale de una empresa, y es crucial para la perdurabilidad y el crecimiento de cualquier aventura. Una gestión eficaz del flujo de caja implica supervisar y controlar las entradas y salidas de dinero en efectivo para garantizar que haya suficiente disponible para cubrir los gastos y cumplir las obligaciones financieras. Los empresarios deben conocer claramente su situación de tesorería, incluidas las fuentes de entrada de efectivo, como los ingresos por ventas o las inversiones, y las fuentes de salida de efectivo, como los gastos y la devolución de préstamos. Mediante la previsión y el seguimiento del flujo de caja, los empresarios pueden identificar con antelación posibles déficits de tesorería y tomar las medidas necesarias para mitigarlos. Un aspecto clave de la gestión del flujo de caja es comprender y gestionar el calendario de los flujos de caja. En muchos negocios, puede haber un retraso significativo entre el momento en que se realiza una venta y el momento en que se recibe el efectivo. Esto es especialmente cierto en los negocios que ofrecen reconocimiento al cliente, en los que el pago puede no recibirse hasta una semana o incluso un mes después de la venta. Es esencial que los empresarios sean conscientes de estas divergencias temporales y programen en consecuencia. Puede que necesiten aplicar una estrategia para acelerar la entrada de efectivo, como ofrecer descuentos por pronto pago o endurecer el plazo de reconocimiento. Al mismo tiempo, también deben intentar retrasar al máximo las salidas de efectivo, como negociar un plazo de pago favorable con el proveedor o utilizar sabiamente la facilidad de reconocimiento. Otro precepto importante que deben comprender los empresarios es el concepto de rentabilidad y su parentesco con el flujo de caja. La rentabilidad se refiere a la capacidad de una empresa de generar un excedente tras deducir todos los gastos de los ingresos, mientras que el flujo de caja se refiere al movimiento real de entrada y salida de efectivo de la empresa. Aunque la rentabilidad es un acabado crucial a largo plazo para cualquier empresa, es posible que una empresa rentable experimente problemas de flujo de caja a corto plazo. Por ejemplo, una empresa puede tener importantes costes iniciales o enfrentarse a retrasos en la recepción de pagos, lo que puede provocar un flujo de caja negativo aunque la empresa sea rentable en última instancia. Por tanto, los empresarios deben vigilar de cerca tanto la rentabilidad como el flujo de caja para garantizar la salud financiera general de su empresa. Afrontar la incertidumbre y el peligro financieros es otro aspecto crítico de la gestión financiera para los empresarios. Dirigir cualquier empresa conlleva una incertidumbre inherente, como la fluctuación de las necesidades de los clientes, el clima cambiante del mercado o los gastos imprevistos. Los empresarios deben estar preparados para esta incertidumbre y disponer de imprevistos en el acto. Constituir una reserva de efectivo o acceder a una línea de reconocimiento puede proporcionar unas ganancias seguras en tiempos de gastos imprevistos o bajo flujo de caja. Un psicoanálisis financiero regular y un plan de escenarios también pueden ayudar a los empresarios a identificar y abordar el riesgo potencial para su negocio. Comprender la parte de la financiación y la estructura de capital es vital para los empresarios. La financiación se refiere a las distintas formas en que los empresarios pueden obtener fondos para apoyar su actividad empresarial, como mediante préstamos, inversiones de equidad o beneficios retenidos. La selección de la financiación puede afectar significativamente a la salud financiera y al crecimiento posible de una empresa. Los empresarios deben evaluar cuidadosamente el coste y el beneficio de las distintas opciones de financiación y tener en cuenta factores como el tipo de interés, el plazo de devolución y el efecto sobre la posesión y el mando. También deben evaluar la estructura de capital óptima para su empresa, que se refiere a la mezcla de financiación mediante deuda y equidad. Conseguir una estructura de capital óptima puede ayudar a los empresarios a asegurarse una financiación adecuada, minimizando al mismo tiempo el peligro financiero y maximizando el rendimiento de la inversión. Comprender los principios financieros fundamentales y cómo aplicarlos a su negocio es crucial para los empresarios. La gestión del flujo de caja, el calendario de los flujos de caja, la rentabilidad, la gestión de la incertidumbre y el peligro, y la financiación y la estructura del capital son componentes clave de una gestión financiera eficaz. Aplicando este principio, los empresarios pueden tomar decisiones financieras con conocimiento de causa y garantizar el éxito y el crecimiento a largo plazo de su empresa.

VIII. GESTIÓN DE RIESGOS Y SEGUROS

Una adecuada gestión de riesgos es esencial para que los empresarios puedan proteger su empresa de imprevistos y posibles responsabilidades. La gestión de riesgos implica identificar los riesgos potenciales, evaluar su posible impacto y aplicar estrategias para mitigarlos o transferirlos. Una faceta importante de la gestión de riesgos es el seguro, que proporciona protección financiera frente a diversos tipos de riesgos. Hay varios tipos de seguros que los empresarios deben tener en cuenta para su empresa, como el seguro de propiedad, el seguro de responsabilidad civil y el seguro de personas clave. El seguro de propiedad es esencial para las empresas que poseen o alquilan activos físicos, como edificios, equipos o inventarios. Este tipo de seguro proporciona cobertura contra daños o pérdidas debidos a sucesos como incendios, robos o desastres naturales. Al tener un seguro de propiedad, los empresarios pueden transferir el riesgo de posibles pérdidas a una parte aseguradora, lo que ayuda a proteger su inversión y garantiza la persistencia del negocio en caso de un imprevisto. El seguro de responsabilidad civil es otro tipo de seguro importante para los empresarios. Proporciona cobertura frente a posibles reclamaciones legales y responsabilidades que puedan surgir del funcionamiento de un negocio. Esto puede incluir situaciones en las que un cliente resulte herido en el local del negocio, o en las que se determine que el negocio es legalmente responsable de los daños causados a una tercera empresa. El seguro de responsabilidad civil ayuda a proteger a los empresarios de pérdidas económicas potencialmente importantes debidas a gastos legales, acuerdos o sentencias que puedan derivarse de tales reclamaciones. Además del seguro de propiedad y de responsabilidad civil, los empresarios deben considerar también el seguro de persona clave. Este tipo de seguro proporciona cobertura ante la pérdida de un empleado clave o padre de la empresa. En muchas pequeñas empresas, el éxito y la rentabilidad del negocio dependen en gran medida del conocimiento, la habilidad y la relación de la persona clave. El seguro de persona clave proporciona protección financiera en caso de que una persona clave quede incapacitada o fallezca. El seguro continúa puede utilizarse para cubrir el coste asociado a la búsqueda y formación de un sustituto, así como para compensar la pérdida de un cliente clave o de una oportunidad de negocio que pueda derivarse de la ausencia de la persona clave. Aunque el seguro es un componente importante de la gestión de riesgos, no es el único instrumento que los empresarios tienen a su disposición. Hay otras estrategias de gestión de riesgos que los empresarios pueden emplear para minimizar el impacto potencial de los riesgos en su negocio. Una de ellas es implantar controles y procedimientos internos eficaces para reducir la probabilidad de fraude, error u otros riesgos operativos. Con un procedimiento adecuado, los empresarios pueden mitigar el riesgo de pérdidas financieras y garantizar la veracidad e integridad de sus registros financieros. Además, la diversificación es otro esquema de gestión de riesgos que los empresarios pueden utilizar para mitigar el impacto de los riesgos. Diversificando su fuente de ingresos, producto o clientela, los empresarios pueden reducir su dependencia de un único generador de ingresos o sección del mercado. Esto puede ayudar a minimizar el impacto potencial de cualquier acontecimiento adverso o cambio en el clima del mercado que pueda afectar a una región concreta del negocio. La gestión de riesgos y los seguros desempeñan un papel fundamental en la protección de los empresarios y sus negocios frente a posibles pérdidas financieras y responsabilidades. Al identificar y evaluar los riesgos potenciales, los empresarios pueden aplicar estrategias para mitigarlos o transferirlos. Los seguros proporcionan protección financiera frente a diversos tipos de riesgos, como daños a la propiedad o reclamaciones judiciales. Los empresarios deben considerar también otras estrategias de gestión de riesgos, como controles internos eficaces y variegación, para minimizar el impacto potencial de los riesgos en su negocio. Adoptando una estrategia global de gestión de riesgos, los empresarios pueden garantizar el éxito y el crecimiento a largo plazo de su empresa.

GESTIÓN DE RIESGOS PARA EMPRESARIOS

Como innovadores y creadores, los empresarios suelen ser más permisivos con el riesgo que los empresarios tradicionales. Esto no significa que sean inmunes a las posibles consecuencias negativas que se derivan de asumir riesgos. De hecho, es crucial que los empresarios comprendan la importancia de la gestión del riesgo y la incorporen activamente a sus procesos de toma de decisiones para maximizar sus posibilidades de éxito. Una de las principales razones por las que la gestión de riesgos es esencial para los empresarios es la seguridad que proporciona frente a posibles pérdidas financieras. Poner en marcha y dirigir una empresa supone una inversión importante de mayúsculas, y los empresarios suelen poner sus ahorros personales o buscar financiación externa para financiar su aventura. La consecuencia de una pérdida financiera puede ser perjudicial no sólo para la empresa, sino también para la constancia financiera personal del empresario. Aplicando prácticas de gestión de riesgos, los empresarios pueden identificar las amenazas potenciales y aplicar estrategias para mitigarlas. Esto puede incluir la utilización de indemnizaciones para protegerse frente a sucesos impredecibles, la variegación del flujo de ingresos para reducir la confianza en un único generador de ingresos, y la supervisión periódica de los estados financieros para identificar los riesgos potenciales en una fase temprana. La gestión del riesgo permite a los empresarios tomar decisiones informadas y calculadas. Cuando se enfrentan a la incertidumbre o a la posibilidad de asumir un riesgo, los empresarios pueden confiar en el principio de gestión del riesgo para evaluar el resultado potencial y sopesar la recompensa frente a las posibles pérdidas. Evaluando a fondo los riesgos y la recompensa asociados a cada decisión, los empresarios pueden tomar decisiones estratégicas que se ajusten a su meta y objetivo generales. Esto puede ayudarles a evitar decisiones precipitadas o impulsivas que pueden tener efectos perjudiciales para su negocio a largo plazo. Otra faceta crucial de la gestión del riesgo para los empresarios es su efecto sobre la reputación de la empresa y la confianza de los clientes. En un mundo cada vez más interconectado y transparente, las noticias de un fracaso o escándalo empresarial se propagan rápidamente, lo que puede conducir a una pérdida de reputación y de la lealtad de los clientes. Aplicando medidas de gestión de riesgos, los empresarios pueden identificar las amenazas potenciales a su reputación, como las prácticas poco éticas o la retirada de mercancías, y tomar medidas proactivas para minimizar que sucedan. Esto puede incluir la implantación de un sistema de control interno y supervisión, la realización de una evaluación periódica de los riesgos y la garantía del cumplimiento de las normas legales y éticas. Gestionando activamente estos riesgos, los empresarios pueden salvaguardar sus negocios y mantener la confianza de sus clientes y partes interesadas. La gestión de riesgos permite a los empresarios aprovechar las oportunidades e innovar sin comprometer la sostenibilidad a largo plazo de sus negocios. El riesgo y las oportunidades suelen ir de la mano, y los empresarios deben ser capaces de evaluar y gestionar ambos con eficacia. Al adoptar prácticas de gestión del riesgo, los empresarios pueden identificar y evaluar las oportunidades potenciales, tomar decisiones informadas sobre si perseguirlas o no y desarrollar estrategias para mitigar los riesgos asociados. Esto puede dar a los empresarios una ventaja competitiva en el mercado al permitirles capitalizar una tendencia emergente, una nueva tecnología o un segmento de clientes sin explotar. La gestión del riesgo es de suma importancia para los empresarios mientras navegan por el panorama desafiante e incierto de los negocios. Aplicando prácticas de gestión de riesgos, los empresarios pueden protegerse contra las pérdidas financieras, tomar decisiones con conocimiento de causa, salvaguardar su reputación y la confianza de los clientes, y aprovechar las oportunidades de aumento e invención. Dados los riesgos inherentes a la iniciativa empresarial, es esencial que los empresarios comprendan la importancia de la gestión de riesgos y la incorporen activamente a sus procesos de toma de decisiones para garantizar el éxito y la sostenibilidad a largo plazo de sus empresas.

TIPOS DE RIESGOS A LOS QUE SE ENFRENTAN LAS EMPRESAS: OPERATIVOS, FINANCIEROS, DE MERCADO, ETC.

Las empresas se enfrentan a varios tipos de riesgos que pueden afectar a su funcionamiento y a sus resultados financieros. Un tipo importante de riesgo es el riesgo operativo, que se refiere al potencial de pérdida debido a un proceso interno inadecuado o fallido, un sistema o un error humano. Esto puede incluir riesgos asociados a la interrupción de la cadena de suministro, la pérdida de equipos, las malas acciones de los empleados o incluso los desastres naturales. Los riesgos operativos pueden afectar significativamente a la capacidad de una empresa para suministrar productos o servicios, gestionar la relación con los clientes y mantener la rentabilidad. Es crucial que los empresarios identifiquen y mitiguen estos riesgos mediante estrategias eficaces de gestión del riesgo y un plan de eventualidades. El riesgo financiero es otro tipo importante de riesgo al que se enfrentan las empresas. Engloba la posibilidad de pérdidas o incertidumbres financieras derivadas de la inversión, las actividades de financiación o la construcción financiera general de una empresa. Por ejemplo, las empresas pueden enfrentarse a riesgos relacionados con la fluctuación de las divisas, la imprevisibilidad de los tipos de interés o los cambios en las condiciones del mercado que afecten a la valoración de su inversión o al precio de las acciones. Además, un alto nivel de endeudamiento o la confianza en una fuente específica de financiación pueden crear un riesgo financiero, ya que la incapacidad para cumplir la obligación financiera puede llevar a la quiebra u otra consecuencia grave. Para gestionar el riesgo financiero, los empresarios deben evaluar la situación financiera de su empresa, mantener una cartera de inversiones diversificada y desarrollar estrategias financieras adecuadas, como la cobertura frente a los riesgos de divisas o tipos de interés. El riesgo de mercado es otro tipo de riesgo crítico que las empresas deben gestionar. El riesgo de mercado se refiere a la posibilidad de sufrir pérdidas debido a cambios adversos en las condiciones del mercado, como la fluctuación de los requisitos, la presión competitiva o los cambios en las preferencias de los consumidores. Las empresas se enfrentan al riesgo de mercado cuando están expuestas a un mercado altamente competitivo, dependen de una sección de clientes específica o de un canal de dispersión, u operan en una fabricación que cambia rápidamente. Adaptarse a los cambios del mercado y adelantarse a la competencia es esencial para que las empresas sigan siendo relevantes y tengan éxito. Los empresarios pueden mitigar los riesgos del mercado realizando una investigación exhaustiva del mismo, diversificando su clientela y vigilando continuamente la tendencia del mercado para identificar nuevas oportunidades y ajustar las estrategias empresariales en consecuencia. Los riesgos legales y reglamentarios son una preocupación importante para las empresas, sobre todo para las que operan en sectores muy regulados o en fronteras internacionales. El incumplimiento de las leyes y normativas puede exponer a las empresas a actividades legales, multas, daños a la reputación o incluso a la pérdida de la licencia operativa. Los empresarios deben comprender y cumplir las leyes y reglamentos aplicables para minimizar estos riesgos. Esto puede implicar la obtención de un abogado, la implantación de un control interno y la realización de auditorías periódicas para garantizar el cumplimiento. Las empresas también se enfrentan al riesgo reputacional, que es el daño potencial a la reputación o imagen de marca de una empresa. El riesgo reputacional puede surgir de una experiencia negativa de los clientes, la retirada de un producto, una controversia ética o una mala decisión de gestión. Una reputación dañada puede provocar la pérdida de confianza de los clientes, la disminución de las ventas y problemas para atraer y retener a la mejor dotación. Los empresarios deben priorizar la construcción y el mantenimiento de una reputación positiva suministrando productos o servicios de alta calidad, practicando un comportamiento empresarial ético y abordando con prontitud cualquier problema o preocupación planteado por el cliente. Las empresas se enfrentan a una serie de riesgos que pueden afectar a su funcionamiento, sus resultados financieros y sus logros generales. Los riesgos operativos, financieros, de mercado, jurídicos y de reputación son algunos de los riesgos clave que los empresarios deben comprender y gestionar. Aplicando estrategias eficaces de gestión de riesgos, diversificando sus actividades empresariales y permaneciendo atentos a los cambios del mercado y a los requisitos legales, los empresarios están mejor posicionados para navegar por el complejo panorama de los riesgos y mantener el crecimiento empresarial a largo plazo.

ESTRATEGIAS PARA MITIGAR LOS RIESGOS Y PAPEL DE LOS SEGUROS EN LA GESTIÓN DE RIESGOS

Los empresarios se enfrentan a numerosas incertidumbres y contratiempos potenciales, que van desde la imprevisibilidad del mercado y la recesión económica hasta los desafíos legales y las interrupciones operativas. Disponer de un esquema claro de gestión de riesgos es crucial para garantizar la viabilidad y sostenibilidad a largo plazo de una empresa. Este apartado pretende explorar distintas estrategias que pueden emplear los empresarios para mitigar los riesgos y el papel fundamental que desempeñan los seguros en este procedimiento. Una de las principales estrategias para gestionar los riesgos es la diversificación. Al repartir su inversión entre varios activos, sectores o regiones geográficas, los empresarios pueden limitar el impacto de un único acontecimiento de riesgo en su cartera global. La variegación proporciona unas ganancias seguras al reducir la correlación entre las distintas opciones de inversión, amortiguando así el efecto negativo de los riesgos a la baja. Un empresario puede diversificar su flujo de ingresos expandiéndose a mercados afines o dirigiéndose a un segmento de clientes diferente. Esto no sólo ayuda a mitigar los riesgos asociados a los cambios en las preferencias de los consumidores, sino que también ofrece la oportunidad de aumentar y ampliar el acuerdo de mercado. En cuanto a la inversión, los empresarios pueden diversificar su cartera financiera invirtiendo en una mezcla de acciones, bonos, materias primas o bienes inmuebles. Esto garantiza que la fluctuación en un grado de activos no tenga un impacto adverso significativo en la ejecución general de la inversión. Otro sistema eficaz de mitigación del riesgo es la evaluación y planificación proactivas del riesgo. Identificando y analizando los riesgos potenciales con antelación, los empresarios pueden desarrollar un plan de eventualidades y aplicar medidas preventivas para minimizar su impacto. Esto implica realizar evaluaciones exhaustivas de los riesgos, supervisar regularmente las tendencias del mercado y mantenerse informado sobre los retos y oportunidades específicos del sector. Un empresario puede anticiparse a las interrupciones operativas invirtiendo en una sólida subestructura informática, aplicando un plan de redundancia y estableciendo una red de colaboración con proveedores y socios de distinta ubicación geográfica. Del mismo modo, los empresarios pueden evaluar la construcción de su empresa e identificar los posibles riesgos legales colaborando estrechamente con expertos jurídicos y garantizando el cumplimiento de la normativa pertinente y la norma de fabricación. Los seguros desempeñan un papel crucial en la gestión de riesgos, al transferir a un proveedor de seguros un componente de la carga financiera asociada a los riesgos potenciales. Las pólizas de seguros, como el seguro de propiedad, el seguro de responsabilidad civil y el seguro de interrupción de la actividad empresarial, ofrecen a los empresarios seguridad frente a diversas contingencias. El seguro de propiedad proporciona cobertura para los activos físicos, como el edificio, el equipamiento y el inventario, frente a riesgos como incendios, robos o desastres naturales. El seguro de responsabilidad civil protege al negocio de posibles demandas y reclamaciones derivadas de accidentes, defectos de la mercancía o errores profesionales. El seguro de interrupción del negocio compensa a los empresarios por la pérdida de ingresos cuando se interrumpe el funcionamiento debido a un acontecimiento imprevisto, como una pandemia o una interrupción importante de la cadena de suministro. Al transferir los riesgos financieros a una parte aseguradora, los empresarios pueden mitigar el posible impacto adverso de estos riesgos sobre el funcionamiento de su negocio y su constancia financiera. La gestión eficaz del riesgo es una faceta fundamental para dirigir una empresa con éxito. Los empresarios pueden emplear diversas estrategias para mitigar los riesgos, como la variegación y la evaluación y planificación proactivas de los riesgos. La variegación ayuda a repartir la inversión y la fuente de ingresos entre distintos activos o sectores, reduciendo el impacto de un único acontecimiento de riesgo. La evaluación y planificación proactivas del riesgo implican la realización de evaluaciones exhaustivas del riesgo, el seguimiento de las tendencias del mercado y la aplicación de medidas preventivas. Además, los seguros desempeñan un papel vital en la gestión del riesgo al transferir los riesgos financieros al proveedor de seguros. Las pólizas de seguros compensan a los empresarios por las posibles pérdidas asociadas a daños materiales, reclamaciones de responsabilidad civil e interrupción de la actividad. Empleando esta estrategia y utilizando los seguros como instrumento de mitigación de riesgos, los empresarios pueden mejorar la resistencia de su empresa y sus perspectivas a largo plazo. La gestión financiera desempeña un papel crucial en el éxito y el crecimiento de cualquier empresa, especialmente para los empresarios. Comprender los principios financieros fundamentales y saber aplicarlos eficazmente puede hacer triunfar o fracasar una aventura empresarial. Uno de los aspectos clave de la gestión financiera es la gestión del flujo de caja. Los empresarios deben gestionar eficazmente su flujo de caja para asegurarse de que entra dinero suficiente para cubrir los gastos e invertir en oportunidades de crecimiento. Para ello es necesario planificar y controlar cuidadosamente los ingresos y los gastos. Si vigilan de cerca el flujo de caja, los empresarios pueden tomar decisiones informadas sobre cuándo realizar compras, negociar condiciones favorables con los proveedores e incluso invertir en nuevos productos o servicios. Además de gestionar el flujo de caja, los empresarios también deben tener un sólido conocimiento del presupuesto. Un presupuesto eficaz sirve de hoja de ruta para la empresa, esbozando los ingresos y gastos previstos y permitiendo a los empresarios planificar tanto a corto como a largo plazo. Haciendo un presupuesto eficaz, los empresarios pueden identificar las áreas en las que pueden reducir costes, asignar los recursos con eficacia y tomar decisiones informadas sobre su negocio. La gestión financiera también implica gestionar la deuda y el capital. Muchos empresarios dependen de préstamos y otras formas de financiación para poner en marcha o ampliar su empresa. Aunque la deuda puede ser un instrumento útil para el crecimiento, también conlleva riesgos. Es crucial que los empresarios consideren cuidadosamente su opción de préstamo y piensen en la importancia a largo plazo de endeudarse. Comprendiendo las distintas opciones de financiación disponibles y evaluando el coste y el beneficio, los empresarios pueden tomar decisiones informadas sobre cómo gestionar mejor su deuda y su capital. Esto incluye no sólo la gestión de la deuda existente, sino también la planificación de futuras necesidades de financiación. Una gestión financiera eficaz también implica saber analizar e interpretar los estados financieros. Estos estados proporcionan una valiosa información sobre la salud financiera y la ejecución de la empresa. Los empresarios deben ser capaces de leer los estados financieros, como la mortaja de equilibrio, la cuenta de resultados y el estado de tesorería, y utilizarlos para tomar decisiones con conocimiento de causa. Analizando los estados financieros, los empresarios pueden identificar tendencias, supervisar el indicador clave de ejecución y evaluar la salud financiera general de su empresa. Este conocimiento es esencial para identificar áreas de mejora, evaluar el efecto de las decisiones y tomar decisiones empresariales estratégicas. La gestión financiera también requiere una gestión eficaz del riesgo. La actividad empresarial es intrínsecamente arriesgada, y los empresarios deben estar preparados para afrontar los riesgos potenciales y la incertidumbre. Esto implica identificar y evaluar los riesgos potenciales, como los cambios en el mercado, las preferencias de los clientes o el entorno normativo. Los empresarios deben disponer de un plan de eventualidades in situ para mitigar estos riesgos y garantizar la sostenibilidad a largo plazo de su negocio. Esto incluye disponer de un informe de indemnización adecuado, establecer un fondo de emergencia y diversificar las fuentes de ingresos. Gestionando eficazmente los riesgos, los empresarios pueden minimizar su posible afectación y preparar su negocio para el éxito a largo plazo. La gestión financiera es un logro fundamental que los empresarios deben dominar. Comprendiendo los principios financieros fundamentales y aplicándolos eficazmente, los empresarios pueden tomar decisiones con conocimiento de causa, mejorar el flujo de caja, asignar los recursos con eficiencia y gestionar los riesgos con eficacia. Este conjunto de conocimientos y logros puede suponer una divergencia significativa en el éxito y el crecimiento de una empresa. Ya se trate de gestionar el flujo de caja, elaborar presupuestos eficaces, gestionar la deuda y el capital, analizar los estados financieros o gestionar los riesgos, los empresarios deben estar equipados con la habilidad de gestión financiera necesaria para navegar por el complejo mundo de las finanzas empresariales.

IX. RATIOS FINANCIEROS Y ANÁLISIS DE RESULTADOS

Los ratios financieros son un instrumento esencial para que los empresarios evalúen la salud financiera y el rendimiento de sus empresas. Estos ratios proporcionan información sobre diversos aspectos de las operaciones de una empresa, como la rentabilidad, la liquidez, la solvencia y la eficiencia. Analizando estos ratios, los empresarios pueden identificar las áreas en las que su empresa destaca y las áreas que requieren mejoras. Un ratio financiero importante es el margen de beneficio bruto, que mide la rentabilidad de las operaciones del núcleo de una empresa. Se calcula restando el coste de las mercancías vendidas de las ventas netas y dividiendo la consecuencia de las ventas netas. Un margen de beneficio bruto elevado indica que una empresa genera ingresos suficientes para cubrir sus costes directos y tener un excedente de beneficios. Por el contrario, un margen de beneficio bruto bajo sugiere que una empresa puede estar vendiendo su producto o servicio a un precio que no cubre adecuadamente su coste. Los empresarios pueden utilizar este ratio para evaluar el esquema de precios de sus empresas y hacer ajustes si es necesario. Otro ratio crucial para los empresarios es el ratio corriente, que mide la liquidez de una empresa o su capacidad para hacer frente a sus obligaciones a corto plazo. Se calcula dividiendo el activo circulante por el pasivo circulante. Un ratio corriente inferior a 1 indica que una empresa puede tener dificultades para hacer frente a sus obligaciones financieras inmediatas, mientras que un ratio superior a 1 sugiere que tiene recursos suficientes para hacerlo. Controlar el ratio corriente es vital para que los empresarios se aseguren de que sus empresas pueden hacer frente a sus gastos cotidianos y mantener un flujo de caja saludable. El ratio de endeudamiento es un ratio financiero que indica la proporción del activo de una empresa financiado mediante deuda. Se calcula dividiendo la deuda total por el activo total. Un ratio de endeudamiento elevado supone un peligro mayor para una empresa, ya que indica una gran confianza en la deuda para financiar sus operaciones. Los empresarios deben esforzarse por mantener la deuda de sus empresas dentro de unos límites razonables para evitar posibles sufrimientos financieros. Analizando el ratio de endeudamiento, los empresarios pueden comprender hasta qué punto sus empresas se financian con deuda y tomar decisiones informadas sobre su construcción en mayúsculas. Los ratios de eficiencia, como el ratio de rotación de existencias y el ratio de rotación de cuentas por cobrar, facturan la eficacia con que una empresa gestiona sus activos y los convierte en ventas y efectivo. El ratio de rotación de existencias se calcula dividiendo el coste de los bienes vendidos por el valor medio de las existencias. Este ratio indica la rapidez con que una empresa vende sus existencias y las repone. Un ratio de rotación de inventario alto es deseable, ya que sugiere una dirección eficiente del inventario y minimiza el peligro de obsolescencia del mismo. El ratio de rotación de cuentas por cobrar, por otra parte, mide la rapidez con que una empresa cobra los pagos pendientes de sus clientes. Se calcula dividiendo las ventas netas de reconocimiento por el promedio de cuentas por cobrar. Un ratio de rotación de cuentas por cobrar elevado indica un procedimiento de cobro eficaz y un flujo de caja saneado. Además de estos ratios, los empresarios también deben considerar la posibilidad de comparar sus empresas con los estándares de fabricación y la competencia para obtener una visión más amplia de su rendimiento. Esto puede ayudar a identificar áreas de potencia y debilidad en relación con la competencia y proporcionar ideas para mejorar. Los ratios financieros y el psicoanálisis del rendimiento son herramientas indispensables para que los empresarios gestionen eficazmente sus negocios. Al comprender y utilizar estos ratios, los empresarios pueden obtener información valiosa sobre la salud financiera y el rendimiento de su empresa. Armados con este conocimiento, pueden tomar decisiones informadas, aplicar una estrategia eficaz e impulsar sus negocios hacia el crecimiento y el logro.

RATIOS FINANCIEROS CLAVE: RATIOS DE LIQUIDEZ, RATIOS DE RENTABILIDAD Y RATIOS DE EFICIENCIA

Los ratios de liquidez, los ratios de rentabilidad y los ratios de eficiencia son ratios financieros clave que ayudan a los empresarios a obtener información valiosa sobre el bienestar financiero y el rendimiento de su empresa. Los ratios de liquidez se ocupan principalmente de evaluar la capacidad de una empresa para cumplir sus obligaciones financieras a corto plazo. Un ratio de liquidez muy utilizado es el ratio corriente, que se calcula dividiendo los activos corrientes por los pasivos corrientes. Este ratio indica si una empresa tiene suficientes activos a corto plazo para cubrir sus pasivos inmediatos. Un ratio corriente de 2 o superior suele considerarse favorable, ya que implica que una empresa dispone de recursos suficientes para hacer frente a sus obligaciones a corto plazo. Otro coeficiente de liquidez importante es el coeficiente de rapidez, también conocido como coeficiente de prueba ácida. Mide la capacidad de una empresa para pagar sus obligaciones corrientes con sus activos más líquidos, excluidas las existencias. Un coeficiente de rapidez igual o superior a 1 se considera, por lo general, sin parangón. Los ratios de rentabilidad, como sugiere el epíteto, se centran en evaluar la rentabilidad de una empresa y su capacidad para generar beneficios con sus operaciones. El margen de beneficio bruto, por ejemplo, mide el porcentaje de ingresos por ventas que queda tras restar el coste de los bienes vendidos. Se calcula dividiendo el beneficio bruto por los ingresos por ventas y multiplicando la consecuencia por 100. Un margen de beneficio bruto más alto indica que una empresa controla mejor su coste de producción y es más eficiente a la hora de generar beneficios. El margen de beneficio neto, en cambio, mide el porcentaje de los ingresos por ventas que queda tras restar todos los gastos, incluidos impuestos y preocupaciones. Este ratio proporciona una fotografía más amplia de la rentabilidad global de una empresa. Un margen de beneficio neto más alto indica que una empresa es capaz de generar más beneficios con sus ventas. Los ratios de eficiencia, también conocidos como ratios de actividad, evalúan la eficacia con la que una empresa utiliza sus activos para generar ingresos por ventas. Un ratio de eficiencia muy utilizado es el ratio de rotación de activos, que mide la eficacia con la que una empresa utiliza sus activos totales para generar ventas. Se calcula dividiendo los ingresos por ventas entre los activos totales. Un coeficiente de rotación de activos más elevado implica que la empresa utiliza eficazmente sus activos para generar ventas. Otro ratio de eficiencia es el ratio de rotación de existencias, que mide la cantidad de tiempo que se venden y reponen las existencias de una empresa durante un punto concreto. Se calcula dividiendo el coste de los bienes vendidos por el inventario medio. Un mayor ratio de rotación de existencias sugiere que una empresa está vendiendo sus existencias rápidamente, lo que suele considerarse positivo. Indica que la empresa está evitando el exceso de inventario y posiblemente maximizando sus beneficios. Analizando periódicamente estos ratios financieros clave, los empresarios pueden obtener información valiosa sobre los resultados financieros de su empresa. Los ratios de liquidez proporcionan una comprensión del bienestar financiero a corto plazo de la empresa, ayudando a los empresarios a evaluar su capacidad para cumplir sus obligaciones a corto plazo. Los ratios de rentabilidad ayudan a los empresarios a evaluar la capacidad de la empresa para generar beneficios de sus operaciones, permitiéndoles tomar decisiones informadas sobre la estrategia de precios y la orientación de los costes. Los ratios de eficiencia permiten a los empresarios evaluar la eficiencia operativa de la empresa y hacer ajustes para mejorar la productividad y la potencia. Comprender y aplicar estos ratios financieros clave es crucial para que los empresarios gestionen su dinero y hagan crecer su negocio con éxito. Controlando estos ratios a lo largo del tiempo y comparándolos con el punto de referencia de fabricación, los empresarios pueden identificar áreas de mejora y tomar las medidas adecuadas para mejorar su rendimiento financiero. El psicoanálisis regular de los ratios financieros también puede proporcionar señales de alerta temprana de sufrimiento financiero y ayudar a los empresarios a abordar proactivamente los posibles problemas antes de que se agraven. El uso de estos ratios financieros clave capacita a los empresarios para tomar decisiones financieras informadas y, en última instancia, contribuye al éxito a largo plazo de su empresa.

RATIOS FINANCIEROS EN LA EVALUACIÓN DEL RENDIMIENTO EMPRESARIAL

Los ratios financieros ofrecen valiosas perspectivas sobre diversos aspectos de la salud financiera de una empresa. Estos ratios permiten a empresarios e inversores evaluar la rentabilidad, liquidez, solvencia y eficiencia de una empresa, proporcionando una visión global que puede informar decisiones empresariales críticas. Los ratios de rentabilidad como el rendimiento de los activos (ROA) , el rendimiento de la equidad (ROE) y el margen de beneficio bruto (GPM) facturan la capacidad de una empresa para generar beneficios en relación con sus activos, equidad e ingresos, respectivamente. Analizando estos ratios, los empresarios pueden calibrar la eficacia con que su empresa utiliza sus recursos y comparar sus resultados con los de referencia del sector. Los ratios de liquidez, como el ratio corriente y el ratio rápido, evalúan la salud financiera a corto plazo de una empresa examinando su capacidad para hacer frente a sus obligaciones corrientes. Estos ratios sirven como indicador de la situación de liquidez de una empresa y de su capacidad para hacer frente a una demanda financiera inmediata o a una recesión económica inesperada. Además, los ratios de solvencia, como el ratio de deuda sobre fondos propios y el ratio de información sobre preocupaciones, evalúan la constancia financiera a largo plazo de una empresa y su capacidad para hacer frente a las obligaciones de deuda a largo plazo. Estos ratios son cruciales para los empresarios que quieren comprender el apalancamiento financiero de su empresa y el riesgo potencial asociado a un endeudamiento excesivo. Los ratios de eficiencia, que incluyen la rotación de inventarios, la rotación de cuentas por cobrar y la rotación de activos, facturan la eficiencia con la que una empresa gestiona sus activos y recursos para generar ventas y beneficios. Examinando estos ratios, los empresarios pueden identificar áreas de mejora, optimizar su funcionamiento y mejorar el rendimiento general de su empresa. Los ratios financieros constituyen una valiosa herramienta para que los empresarios se comuniquen con posibles inversores, prestamistas y partes interesadas. Estos ratios ofrecen un modelo estandarizado de presentación de la información financiera y facilitan la comparación entre empresas y sectores. Los inversores y prestamistas suelen basarse en los ratios financieros para evaluar la salud financiera de una empresa y tomar decisiones de inversión con conocimiento de causa. Presentando unos ratios financieros sólidos, los empresarios pueden infundir confianza a los posibles inversores y mejorar sus posibilidades de conseguir financiación para su proyecto empresarial. Además, los ratios financieros pueden ayudar a los empresarios a supervisar y seguir el rendimiento de su propia empresa a lo largo del tiempo. Analizando y comparando periódicamente los ratios, los empresarios pueden identificar tendencias, detectar posibles problemas y ajustar a tiempo su estrategia empresarial. Así se aseguran de que su negocio se mantiene sobre una base financiera sólida y sigue creciendo y prosperando. Los ratios financieros son una poderosa herramienta para la evaluación comparativa del rendimiento y el psicoanálisis competitivo. Comparando sus ratios con los de sus homólogos del sector o competidores directos, los empresarios pueden obtener información valiosa sobre la fortaleza y debilidad relativas de su empresa. Comprender cómo se comporta su empresa frente a la competencia puede ayudar a los empresarios a identificar áreas de mejora, desarrollar una estrategia para obtener una ventaja competitiva y asegurar su posición en el mercado. Los ratios financieros son esenciales para que los empresarios evalúen el rendimiento de su empresa y tomen decisiones financieras con conocimiento de causa. Estos ratios proporcionan una visión crítica de la rentabilidad, la liquidez, la solvencia y la eficiencia, lo que permite a los empresarios evaluar su salud financiera e identificar áreas de mejora. Los ratios financieros también facilitan la comunicación con inversores y prestamistas, mejoran la toma de decisiones empresariales y permiten la evaluación comparativa del rendimiento. Comprendiendo y utilizando eficazmente los ratios financieros, los empresarios pueden gestionar eficazmente su dinero y hacer crecer su negocio.

TÉCNICAS PARA ANALIZAR RATIOS FINANCIEROS Y TOMAR DECISIONES INFORMADAS BASADAS EN LOS RESULTADOS

Una de las herramientas más esenciales del análisis financiero es el uso de ratios. Los ratios permiten a los empresarios evaluar la salud financiera de su empresa y tomar decisiones informadas basadas en los resultados. Existen varias técnicas de análisis de ratios financieros que los empresarios pueden emplear para comprender mejor los distintos aspectos de su empresa. Una técnica habitual es el análisis de tendencias, que consiste en comparar los ratios financieros a lo largo de un punto del reloj para identificar patrones y tendencias. Analizando la tendencia, los empresarios pueden determinar si el rendimiento financiero de su empresa está mejorando o empeorando y hacer los ajustes necesarios en consecuencia. También puede ayudar a los empresarios a identificar las áreas de su negocio que requieren atención o mejoras. Otra técnica es la comparación sectorial, en la que los empresarios comparan sus ratios financieros con los de otras empresas del mismo sector. Esto permite a los empresarios comparar los resultados financieros de su empresa con los de la competencia y obtener información sobre las áreas en las que su rendimiento puede ser inferior o superior. Analizando las referencias del sector, los empresarios pueden comprender mejor la posición competitiva de su empresa en el mercado y tomar decisiones informadas para mejorar la rentabilidad y la eficiencia. El análisis de ratios también puede ayudar a los empresarios a evaluar la liquidez, rentabilidad y solvencia de su empresa. Los ratios de liquidez, como el ratio corriente y el ratio rápido, miden la capacidad de una empresa para cumplir sus obligaciones a corto plazo. Analizando los ratios de liquidez, los empresarios pueden determinar si su empresa tiene suficiente activo líquido para cubrir su pasivo corriente, lo que es crucial para mantener el funcionamiento cotidiano de la empresa. Los ratios de rentabilidad, como el margen de beneficio bruto y el 'rejoin' sobre la equidad, miden la capacidad de una empresa para generar beneficios con su funcionamiento. Analizando los ratios de rentabilidad, los empresarios pueden evaluar la rentabilidad de su empresa en comparación con sus ventas, gastos e inversiones. Los ratios de solvencia, como el ratio de deuda sobre fondos propios y el ratio de información sobre preocupaciones, miden la capacidad de una empresa para hacer frente a sus obligaciones a largo plazo. Analizando los ratios de solvencia, los empresarios pueden evaluar la constancia financiera de su empresa y determinar si corre peligro de insolvencia. Además de estas técnicas, los empresarios también deben tener en cuenta las limitaciones y los posibles escollos asociados al análisis de ratios. Es importante asegurarse de que los estados financieros utilizados para el análisis de ratios son precisos y fiables. Los errores o incoherencias de la información pueden distorsionar los resultados y llevar a una conclusión incorrecta. Los empresarios también deben ser conscientes de las limitaciones de los ratios financieros como medida independiente del rendimiento empresarial. Los ratios proporcionan una instantánea de la salud financiera de una empresa a un nivel determinado en el tiempo, pero no captan toda la complejidad y la dinámica de una empresa. Los empresarios deben utilizar los ratios junto con otras técnicas de análisis financiero para obtener una comprensión global del rendimiento financiero de su empresa y tomar decisiones informadas basadas en los resultados. Las técnicas de análisis de ratios financieros son esenciales para que los empresarios evalúen la salud financiera de su empresa y tomen decisiones con conocimiento de causa. Estas técnicas incluyen el análisis de tendencias, la comparación entre sectores y la valoración de la liquidez, la rentabilidad y la solvencia. Utilizando estas técnicas, los empresarios pueden obtener información sobre distintos aspectos de su empresa e identificar áreas de mejora. Los empresarios también deben ser conscientes de las limitaciones y posibles escollos asociados al análisis de ratios y utilizarlos junto con otras técnicas de análisis financiero para obtener una comprensión global de los resultados financieros de su empresa. En el mundo de la iniciativa empresarial, comprender y gestionar eficazmente las finanzas es crucial para la consecución y el crecimiento de un negocio. La gestión financiera desempeña un papel fundamental en el procedimiento de toma de decisiones, el plan estratégico y el rendimiento general de una aventura empresarial. Gestionar adecuadamente las finanzas permite a los empresarios asignar recursos de forma eficaz, evaluar la rentabilidad, valorar los riesgos y tomar decisiones informadas que se alineen con el objetivo empresarial. Adquiriendo una sólida comprensión de los principios financieros fundamentales y aplicándolos a su negocio, los empresarios pueden navegar por el complejo panorama financiero, garantizar un crecimiento sostenible y maximizar la valoración de su iniciativa. Un principio financiero fundamental que los empresarios deben comprender es la presupuestación. Presupuestar implica crear un programa completo que describa los ingresos, gastos y flujo de caja previstos para el mes o los días siguientes. Proporciona a los empresarios una hoja de ruta para la toma de decisiones financieras y les ayuda a determinar si sus operaciones empresariales son financieramente sostenibles. Siguiendo y analizando el rendimiento financiero real en comparación con el presupuesto, los empresarios pueden identificar las áreas de riesgo o preocupación y adaptar su estrategia en consecuencia. Los empresarios también deben comprender el concepto de gestión del flujo de caja. El flujo de caja se refiere a la entrada y salida de dinero de una empresa y es crucial para su funcionamiento diario. Controlar el flujo de caja permite a los empresarios asegurarse de que hay suficiente dinero disponible para cubrir gastos y cumplir obligaciones financieras como el pago de préstamos y nóminas. Manteniendo un flujo de caja positivo, los empresarios pueden evitar problemas de liquidez, minimizar la necesidad de financiación externa y mantener la constancia financiera. Los empresarios deben familiarizarse con el análisis de los estados financieros. Los estados financieros, como el balance, la cuenta de resultados y el estado de tesorería, proporcionan información crucial sobre la situación financiera y el rendimiento de una empresa. Los empresarios deben ser capaces de interpretar estos estados para evaluar la rentabilidad, liquidez, solvencia y eficiencia de su parte. El análisis de los estados financieros permite a los empresarios identificar los puntos fuertes y débiles de su empresa, tomar decisiones con conocimiento de causa y establecer puntos de referencia para el rendimiento financiero futuro. La comprensión de la gestión de riesgos también es indispensable para los empresarios. Toda empresa se enfrenta a diversos riesgos, como la imprevisibilidad del mercado, la recesión económica y el cambio en las preferencias de los clientes. Los empresarios deben identificar estos riesgos, evaluar su posible efecto y desarrollar una estrategia para mitigarlos. La gestión de riesgos implica identificar, analizar y minimizar las amenazas potenciales para el bienestar financiero y la reputación de una empresa. Diversificando los ingresos, aplicando un marco de gestión de riesgos y disponiendo de un plan de contingencias, los empresarios pueden proteger su empresa contra imprevistos y garantizar su viabilidad a largo plazo. Además, los empresarios deben tener en cuenta las opciones de financiación y las decisiones sobre la estructura del capital. Reunir capital es una faceta crítica de la iniciativa empresarial, y los empresarios deben explorar distintas fuentes de financiación, como préstamos, financiación de equidad o subvenciones de la administración. Al comprender las ventajas e inconvenientes de cada opción de financiación, los empresarios pueden tomar decisiones informadas sobre cómo optimizar su estructura de capital. Los empresarios deben considerar el precio del capital y equilibrarlo con el rendimiento esperado de la inversión para garantizar un rendimiento financiero óptimo. Comprender el concepto de evaluación es esencial para los empresarios que quieren hacer crecer su negocio. La evaluación determina el mérito monetario de un negocio y es crucial para atraer inversores, negociar adquisiciones o tomar decisiones de inversión estratégica. Los empresarios deben comprender la metodología de evaluación y los factores que influyen en la valoración de una empresa, como el crecimiento de los ingresos, la rentabilidad, la dinámica del mercado y las pertenencias intelectuales. Valorando su empresa con exactitud, los empresarios pueden negociar un plazo de inversión favorable y maximizar el rendimiento de su inversión.

Comprender los principios financieros fundamentales y aplicarlos a su negocio es vital para los empresarios. Una correcta gestión financiera capacita a los empresarios para asignar recursos de forma eficaz, evaluar la rentabilidad, valorar los riesgos y tomar decisiones informadas que impulsen el crecimiento empresarial. Al incorporar a su esquema financiero el presupuesto, la gestión del flujo de caja, el análisis de los estados financieros, la gestión del riesgo, las opciones de financiación, las decisiones sobre la estructura del capital y la evaluación, los empresarios pueden navegar por el complejo panorama financiero y conseguir logros a largo plazo.

X. PLANIFICACIÓN FISCAL Y CUMPLIMIENTO

Los empresarios deben tener un sólido conocimiento de las implicaciones fiscales asociadas a sus actividades empresariales y garantizar el cumplimiento de las leyes y normativas fiscales pertinentes. Una planificación fiscal eficaz implica la toma de decisiones estratégicas para minimizar las obligaciones fiscales y maximizar al mismo tiempo los beneficios fiscales. Esto requiere que los empresarios conozcan los diversos incentivos, deducciones y créditos fiscales de que disponen. Aprovechando esta oportunidad, los empresarios pueden reducir su carga fiscal total y mejorar el flujo de caja de su negocio. Además, los empresarios también deben ser conscientes de los posibles escollos fiscales y asegurarse de que cumplen todas las leyes y normativas fiscales. No hacerlo puede acarrear sanciones, preocupaciones e incluso problemas legales. Revisar y actualizar periódicamente las prácticas de cumplimiento fiscal es esencial para garantizar que la empresa se mantiene en buena posición ante el fisco. La planificación fiscal debe ser un procedimiento continuo que tenga en cuenta los cambios en la legislación fiscal, el funcionamiento de la empresa y el panorama económico general. Manteniéndose informados sobre la legislación fiscal y buscando asesoramiento profesional cuando sea necesario, los empresarios pueden adaptar su estrategia fiscal en consecuencia y adelantarse a cualquier posible reto fiscal. Los empresarios deben mantener una corroboración y un registro adecuados para respaldar su posición fiscal. Esto incluye mantener registros financieros, recibos y facturas precisos, así como documentar cualquier gasto o deducción que se reclame. Un esquema bien organizado de corroboración fiscal no sólo proporciona pruebas del cumplimiento fiscal, sino que también simplifica el procedimiento del expediente fiscal y reduce la probabilidad de error o auditoría. Además de la planificación y el cumplimiento fiscales, los empresarios también deben tener en cuenta las implicaciones fiscales asociadas a las distintas estructuras empresariales. Elegir la entidad jurídica adecuada, como unipersonal, sociedad colectiva, corp o sociedad de responsabilidad limitada (LLC) , puede tener importantes consecuencias fiscales. Cada construcción empresarial tiene sus propias ventajas y desventajas fiscales, por lo que es esencial que los empresarios comprendan a fondo estas implicaciones antes de tomar una decisión. Consultar a un profesional fiscal puede ayudar a los empresarios a navegar por la complejidad de la planificación fiscal de las distintas estructuras empresariales y a tomar decisiones informadas que se ajusten a su objetivo financiero. La planificación fiscal no debe abordarse de forma aislada, sino que debe integrarse en la gestión financiera general de la empresa. Los empresarios deben desarrollar un plan financiero integral que tenga en cuenta el efecto de los impuestos en su rentabilidad, flujo de caja y objetivo financiero a largo plazo. Esto incluye presupuestar el pago de impuestos, estimar las obligaciones fiscales e incorporar las consideraciones fiscales a la estrategia de fijación de precios. Al incorporar la planificación fiscal a su esquema financiero general, los empresarios pueden tomar decisiones empresariales más informadas y optimizar su rendimiento financiero. Los empresarios también deben ser conscientes de las posibles implicaciones fiscales asociadas a las actividades empresariales internacionales. La fiscalidad internacional es una región intrincada y dinámica que requiere conocimientos especializados. Los empresarios que participen en transacciones transfronterizas, como la importación y exportación de mercancías o la prestación de servicios a clientes extranjeros, deben conocer las implicaciones fiscales en las distintas jurisdicciones y buscar asesoramiento profesional para garantizar su cumplimiento. Además, los empresarios deben conocer cualquier tratado o acuerdo fiscal entre países que pueda ofrecer ventajas fiscales o evitar la doble imposición. Tener un conocimiento sólido de las consideraciones fiscales internacionales es esencial para los empresarios que deseen ampliar su negocio a nivel mundial y navegar por el complejo mundo de la fiscalidad internacional. La planificación y el cumplimiento fiscales son componentes fundamentales de una gestión financiera eficaz para los empresarios. Comprendiendo las implicaciones fiscales de sus actividades empresariales, buscando asesoramiento profesional cuando sea necesario y manteniéndose informados sobre los cambios en las leyes fiscales, los empresarios pueden minimizar las obligaciones fiscales, maximizar los beneficios fiscales y garantizar el cumplimiento de la normativa fiscal. Incorporar la planificación fiscal a la gestión financiera general de la empresa permite a los empresarios tomar decisiones más informadas, optimizar su rendimiento financiero y conseguir logros a largo plazo.

PLANIFICACIÓN FISCAL PARA EMPRESARIOS

La planificación fiscal desempeña un papel fundamental en la gestión eficaz de sus finanzas y garantiza el crecimiento y la sostenibilidad de sus negocios. Los empresarios son personas que se embarcan en un viaje de creación, desarrollo y gestión de sus propios negocios. A medida que navegan a través de diversos retos y oportunidades, la planificación fiscal se convierte en un elemento esencial de su esquema de gestión financiera. Planificando eficazmente sus impuestos, los empresarios pueden minimizar su deuda tributaria, maximizar sus deducciones y optimizar su flujo de caja. Uno de los principales beneficios de la planificación fiscal es la disminución de la deuda tributaria. Los empresarios pueden conseguirlo tomando decisiones informadas sobre las deducciones y créditos legales de que disponen. Aprovechando los incentivos y exenciones fiscales, los empresarios pueden reducir significativamente su carga fiscal total. Esta disminución de los impuestos se traduce directamente en un aumento de los beneficios y del flujo de caja de sus empresas. Además, la planificación fiscal permite a los empresarios aprovechar la estrategia de inversión fiscalmente eficiente, como la utilización del plan de retiro y la cuenta de diferimiento fiscal. Al realizar inversiones estratégicas, los empresarios no sólo pueden minimizar su responsabilidad fiscal actual, sino también garantizar la protección financiera futura mediante el aumento del ahorro y la inversión a largo plazo. La planificación fiscal capacita a los empresarios para tomar decisiones informadas sobre su estructura empresarial y el tipo de entidad. Elegir la estructura empresarial adecuada, ya sea unipersonal, sociedad colectiva, corp o sociedad de responsabilidad limitada (LLC) , puede tener una importancia significativa en los impuestos que los empresarios deben pagar. Mediante una cuidadosa planificación fiscal, los empresarios pueden evaluar los profesionales y los contras de cada tipo de entidad y seleccionar la única que se ajuste a su objetivo empresarial y fiscal. Esto permite a los empresarios minimizar sus impuestos de autónomos, maximizar sus deducciones y optimizar su postura fiscal general. La planificación fiscal también permite a los empresarios gestionar eficazmente su flujo de caja. Al comprender los matices de las leyes y normativas fiscales, los empresarios pueden prever sus obligaciones fiscales y planificarlas en consecuencia. Esto implica proyectar los ingresos, gastos y deducciones previstos para calcular la deuda fiscal del año siguiente. Al hacerlo, los empresarios pueden asignar fondos para el pago de impuestos de forma sistemática, evitando cualquier carga financiera repentina o escasez de efectivo. Este enfoque proactivo de la planificación fiscal garantiza que los empresarios dispongan de liquidez suficiente para hacer frente a sus obligaciones fiscales y mantener el funcionamiento de sus empresas sin problemas. Además, la planificación fiscal facilita a los empresarios la toma de decisiones financieras eficaces. Evaluando la importancia fiscal de diversas actividades y transacciones empresariales, los empresarios pueden tomar decisiones informadas que maximicen el beneficio después de impuestos. La planificación fiscal puede ayudar a los empresarios a evaluar las consecuencias fiscales de la compra de nuevos equipos o activos para sus empresas. Teniendo en cuenta factores como la derogación, la desgravación por mayúsculas y otros incentivos fiscales, los empresarios pueden determinar el momento y la estrategia de financiación óptimos para su inversión. La planificación fiscal también desempeña un papel importante a la hora de mitigar el riesgo fiscal potencial y garantizar el cumplimiento de las leyes y normativas fiscales. Manteniéndose al día sobre las últimas leyes fiscales, los empresarios pueden identificar posibles áreas de exposición y aplicar medidas para minimizar su vulnerabilidad fiscal. Mediante una planificación fiscal eficaz, los empresarios pueden evitar cualquier repercusión legal o financiera derivada del incumplimiento o la ignorancia de la normativa fiscal. La planificación fiscal es una faceta crucial de la gestión financiera de los empresarios. Gestionando estratégicamente sus impuestos, los empresarios pueden reducir su carga fiscal, optimizar su flujo de caja y tomar decisiones financieras con conocimiento de causa. La planificación fiscal permite a los empresarios seleccionar la estructura empresarial adecuada, planificar sus obligaciones fiscales y navegar por la complejidad de las leyes y normativas fiscales. Para los empresarios que desean hacer crecer sus negocios y alcanzar logros financieros a largo plazo, la planificación fiscal es un instrumento indispensable que debe utilizarse con eficacia.

ESTRATEGIAS PARA MINIMIZAR LAS OBLIGACIONES FISCALES LEGALMENTE

Hay varias estrategias que los empresarios pueden emplear para lograr este objetivo. En primer lugar, pueden aprovechar las deducciones y créditos fiscales disponibles. Haciendo un seguimiento cuidadoso de los gastos de su empresa, los empresarios pueden identificar las deducciones a las que tienen derecho, como el alquiler del puesto, los servicios públicos, el salario de los empleados y el coste de los anuncios. Además, también pueden explorar los créditos a los que tienen derecho, como el Crédito Fiscal por Investigación y Desarrollo o el minúsculo Crédito Fiscal por Cuidado del Bienestar Empresarial. Al maximizar estas deducciones y créditos, los empresarios pueden reducir significativamente su renta imponible, minimizando así sus obligaciones fiscales. En segundo lugar, los empresarios pueden construir sus entidades empresariales de forma que les proporcionen ventajas fiscales. Por ejemplo, pueden plantearse constituir una sociedad de responsabilidad limitada (LLC) o una S corp, ya que estas entidades ofrecen ciertas ventajas fiscales. Una LLC unipersonal puede tratarse como una entidad no considerada a efectos fiscales, lo que significa que los ingresos del propietario se declaran en su declaración de la renta personal. Esto permite una declaración fiscal simplificada y un tipo impositivo potencialmente más bajo. Del mismo modo, una S corp puede proporcionar ventajas fiscales al permitir que los ingresos de la empresa pasen a la declaración fiscal personal del accionista, evitando la doble imposición. Eligiendo cuidadosamente la entidad empresarial adecuada, los empresarios pueden optimizar su situación fiscal y minimizar sus obligaciones tributarias. En tercer lugar, los empresarios pueden aprovechar las opciones de inversión con impuestos diferidos o libres de impuestos. Por ejemplo, pueden contribuir a un plan de jubilación, como una cuenta de jubilación privada (IRA) o una cuenta de jubilación simplificada para empleados (Sept). Estas aportaciones son deducibles de impuestos y pueden ayudar a reducir la base imponible. Invirtiendo en una cuenta de retiro con ventajas fiscales, los empresarios pueden beneficiarse de un crecimiento con impuestos diferidos y reducir potencialmente sus obligaciones fiscales a largo plazo. Los empresarios también pueden explorar inversiones libres de impuestos, como los bonos municipales, que proporcionan ingresos exentos de impuestos federales y, a veces, de impuestos locales y de la mancomunidad. Al incorporar estratégicamente estas opciones de inversión a su planificación financiera, los empresarios pueden minimizar sus obligaciones fiscales legalmente, al tiempo que construyen riqueza para sus próximos. Los empresarios pueden utilizar estrategias de planificación fiscal para minimizar sus obligaciones tributarias. Esto implica organizar proactivamente sus finanzas para aprovechar las leyes y normativas fiscales favorables. Por ejemplo, pueden contabilizar ingresos y gastos de forma que optimicen su situación fiscal. Aplazando los ingresos a un año posterior o acelerando las deducciones en el año en curso, los empresarios pueden reducir potencialmente sus ingresos imponibles y reducir sus obligaciones fiscales totales. Además, pueden aplicar estrategias de cosecha de pérdidas fiscales, que implican la venta de inversiones cuyo valor ha disminuido para compensar las ganancias de otras inversiones. Esto puede dar lugar a pérdidas superiores que pueden utilizarse para compensar ganancias superiores, reduciendo así las consecuencias fiscales. Mediante una planificación fiscal eficaz, los empresarios pueden gestionar activamente sus obligaciones fiscales y minimizar su carga fiscal dentro de los límites de la jurisprudencia. Minimizar las obligaciones fiscales es una faceta crucial de la dirección financiera de los empresarios. Empleando diversas estrategias, los empresarios pueden reducir legalmente sus obligaciones fiscales y mejorar su bienestar financiero. Estas estrategias incluyen el aprovechamiento de deducciones y créditos fiscales, la estructuración de entidades empresariales para obtener ventajas fiscales, la utilización de opciones de inversión con impuestos diferidos o libres de impuestos, y la aplicación de estrategias de planificación fiscal. Aplicando cuidadosamente estas estrategias, los empresarios pueden optimizar su situación fiscal y destinar más recursos al crecimiento de su negocio y a conseguir logros a largo plazo.

CUMPLIR LA NORMATIVA FISCAL PARA EVITAR SANCIONES Y PROBLEMAS LEGALES

Las consecuencias del incumplimiento pueden tener graves consecuencias tanto para el empresario individual como para su empresa. En primer lugar, cumplir la normativa fiscal garantiza que los empresarios se mantengan en el lado correcto de la ley, evitando posibles problemas legales que puedan surgir. La legislación fiscal es compleja y evoluciona constantemente, por lo que es imprescindible que los empresarios se mantengan al día de las últimas normativas para evitar cualquier infracción involuntaria. Al hacerlo, los empresarios pueden protegerse de costosas batallas legales y de posibles daños a su reputación profesional. Cumplir la normativa fiscal ayuda a los empresarios a evitar sanciones y otras consecuencias financieras. La administración fiscal tiene potestad para imponer varias sanciones por incumplimiento, como multas, intereses e incluso cargos penales en casos extremos. Estas sanciones pueden tener un efecto financiero significativo tanto para el empresario como para su negocio. Por ejemplo, unas multas elevadas pueden mermar los beneficios y la tesorería, obstaculizando el crecimiento y la sostenibilidad de la empresa. Además, los intereses pueden acumularse con el tiempo, agravando aún más la carga financiera. Cumpliendo la normativa fiscal, los empresarios pueden evitar estas sanciones, asegurándose de que sus recursos financieros se destinan al crecimiento empresarial en lugar de a gastos legales. El cumplimiento fiscal es esencial para construir y mantener la confianza con inversores, socios y clientes. El cumplimiento demuestra la dedicación de un empresario a realizar negocios de forma ética y transparente. Es más probable que los inversores inviertan en una empresa que está en buenas relaciones con la administración fiscal, ya que indica un nivel de peligro menor. Del mismo modo, los socios y clientes prefieren relacionarse con empresas que tienen reputación de cumplir la normativa, ya que infunde confianza y seguridad en la práctica financiera de la parte. Cumpliendo la normativa fiscal, los empresarios pueden cultivar una imagen de marca positiva y atraer a partes interesadas valiosas, contribuyendo al crecimiento y los logros de su negocio. Además, el cumplimiento de las normas fiscales fomenta un entorno empresarial estable y contribuye a la economía en general. Los impuestos recaudados por la administración son esenciales para financiar servicios e infraestructuras públicas, como la sanidad, la enseñanza y el transporte. Cumpliendo diligentemente con su obligación fiscal, los empresarios contribuyen al desarrollo sostenible y al bienestar de la sociedad en su conjunto. En contrapartida, el incumplimiento priva a la economía de unos ingresos fiscales vitales, lo que puede provocar una escasez de recursos y limitar los gastos de la administración. El desequilibrio económico resultante puede repercutir negativamente en los empresarios y sus negocios a largo plazo. Garantizar el cumplimiento de las obligaciones fiscales no es sólo un deber legal y financiero de los empresarios, sino también una obligación cívica de apoyo a la comunidad en general. Cumplir la normativa fiscal es de primordial importancia para que los empresarios eviten sanciones y problemas legales. Manteniéndose en el lado correcto de la ley, los empresarios pueden protegerse de costosas batallas legales y salvaguardar su reputación profesional. El cumplimiento fiscal evita posibles consecuencias financieras, como multas y cargos por intereses, que pueden obstaculizar el crecimiento y la sostenibilidad de la empresa. El cumplimiento también ayuda a los empresarios a generar confianza con las partes interesadas, contribuyendo a su éxito a largo plazo. El cumplimiento fiscal desempeña un papel vital en el fomento de un entorno empresarial estable y en el apoyo a la economía en general, garantizando la accesibilidad de los servicios públicos y las infraestructuras. Mediante el cumplimiento fiscal, los empresarios no sólo pueden mantener su propia unidad financiera, sino que también contribuyen al éxito de su empresa y de la sociedad en su conjunto. En el competitivo entorno empresarial actual, es crucial que los empresarios no sólo tengan ideas innovadoras, sino que también posean una sólida comprensión del principio de gestión financiera para hacer crecer eficazmente sus negocios. La gestión financiera es una faceta crucial de la iniciativa empresarial, ya que implica la toma de decisiones estratégicas sobre la asignación de recursos, la gestión del flujo de caja y la evaluación de la rentabilidad de la inversión. En primer lugar, los empresarios deben comprender claramente los estados financieros y cómo pueden utilizarse para analizar la salud financiera de sus empresas. Los estados financieros, como la cuenta de resultados, el estado de equilibrio y el estado de flujo de caja, proporcionan información vital sobre los ingresos, gastos, activo, pasivo y flujo de caja de una empresa. Analizando estos estados, los empresarios pueden identificar áreas de mejora, evaluar la rentabilidad de sus operaciones y tomar decisiones informadas sobre la asignación de recursos. Los empresarios deben ser capaces de gestionar eficazmente su flujo de caja, que se refiere a la entrada y salida de efectivo en una empresa.

La gestión del flujo de caja es crucial para el funcionamiento diario de una empresa, ya que garantiza que haya suficiente efectivo disponible para pagar los gastos, el salario y otras obligaciones financieras. La aplicación de estrategias como la gestión de las cuentas por cobrar y por pagar, la negociación de plazos de pago favorables con los proveedores y el seguimiento minucioso de la proyección del flujo de caja pueden ayudar a los empresarios a mantener un flujo de caja positivo y evitar dificultades financieras. Los empresarios deben comprender el concepto de rentabilidad y cómo se relaciona con el funcionamiento de su empresa. La rentabilidad se refiere a la capacidad de una empresa para generar beneficios o ganancias sobre un punto de reloj. Los empresarios tienen que evaluar la rentabilidad de su producto o servicio, considerar el coste que supone producirlos y determinar si su precio puede ser competitivo en el mercado. Calcular el ratio financiero clave, como el margen de beneficio bruto, el margen de beneficio neto y el rendimiento de la inversión, puede ayudar a los empresarios a evaluar la rentabilidad de su negocio y a tomar decisiones informadas sobre el precio, la disminución del precio y la estrategia de ampliación. Además, los empresarios deben conocer a fondo las distintas fuentes de financiación de que disponen y cómo conseguir capital para su empresa. La financiación es esencial para que los empresarios pongan en marcha y hagan crecer sus negocios, y necesitan explorar varias opciones, como el ahorro personal, los familiares y amigos, el préstamo de depósito, el capital de aventura y la financiación colectiva (crowdfunding). Cada generador de financiación tiene sus propias ventajas e inconvenientes, y los empresarios deben evaluar cuidadosamente estas opciones y seleccionar la que se ajuste a su objetivo empresarial, su permisividad ante el peligro y su capacidad financiera. Además de reunir capital, los empresarios también deben ser capaces de gestionar eficazmente sus finanzas personales y separarlas de las de su negocio. Separar las finanzas personales de las empresariales es crucial para mantener un registro financiero preciso, garantizar el cumplimiento de las obligaciones fiscales y proteger el patrimonio personal. Los empresarios deben establecer cuentas de depósito, tarjetas de reconocimiento y estados financieros separados para sus empresas y para ellos mismos. Esta clara separación no sólo ayudará a los empresarios a gestionar sus finanzas con mayor eficacia, sino que también proporcionará una fotografía clara de la salud financiera de su empresa, lo que facilitará la obtención de financiación o la captación de inversores. La gestión eficaz de las finanzas es crucial para el éxito de los empresarios y sus negocios. Comprendiendo los estados financieros, gestionando el flujo de caja, evaluando la rentabilidad, reuniendo capital y separando las finanzas personales de las empresariales, los empresarios pueden tomar decisiones informadas y hacer crecer sus negocios de forma sostenible. La gestión financiera es un logro fundamental que todo empresario debe poseer, ya que le permite navegar por el complejo panorama financiero y convertir sus ideas innovadoras en empresas rentables.

XI. CONTROLES FINANCIEROS Y AUDITORÍA INTERNA

El objetivo de los controles financieros es garantizar la exactitud y fiabilidad de la información financiera, así como promover el cumplimiento de la ley y la normativa. La auditoría interna desempeña un papel crucial en la aplicación y valoración de los controles financieros. La auditoría interna es una actividad independiente, de confianza objetiva y de consultoría diseñada para añadir valor a una organización. Ayuda a las empresas a cumplir su objetivo aportando una obertura sistemática y disciplinada para evaluar y mejorar la eficacia de los procesos de gestión de riesgos, control y gobierno. Los auditores internos se aseguran de que los controles financieros se diseñan, se aplican y funcionan correctamente. Uno de los componentes clave de los controles financieros es la segregación de funciones. Este precepto garantiza que ningún empleado tenga control sobre todos los aspectos de una transacción financiera. Al separar las funciones de autorización, registro y detención, las empresas pueden minimizar el riesgo de errores, fraude y malversación de activos. El funcionamiento de la auditoría interna evalúa la segregación de funciones dentro de una organización para garantizar que las transacciones financieras están adecuadamente salvaguardadas. Otro aspecto importante de los controles financieros es el establecimiento de procesos de autorización adecuados. Esto implica proporcionar el nivel adecuado de autorización a los empleados para tomar decisiones financieras y ejecutar transacciones. Los auditores internos desempeñan un papel crucial a la hora de evaluar si los procesos de autorización están bien definidos, se comunican y se siguen de forma coherente en toda la organización. El control financiero también implica el seguimiento y la supervisión periódicos de las transacciones financieras. Esto puede lograrse mediante la aplicación de procesos de reexamen y la utilización de indicadores clave de ejecución (KPI) para facturar y supervisar la ejecución financiera de la empresa. Los auditores internos evalúan la eficacia de los procesos de control y supervisión para garantizar que son suficientes para detectar y prevenir errores, fraudes e incumplimientos. Los controles financieros eficaces también requieren la aplicación de salvaguardias físicas y medidas de seguridad. Esto incluye el establecimiento de un entorno físico seguro, como archivadores cerrados con llave o zonas de acceso restringido, para proteger la información financiera y los activos sensibles. Los auditores internos verifican la adecuación y eficacia de estas salvaguardias físicas para mitigar el riesgo de entrada no autorizada y de hurto. Los controles financieros deben incluir la implantación de controles automatizados y sistemas de información para mejorar la eficacia y precisión de los procesos financieros. Los auditores internos evalúan el diseño, la implantación y el procedimiento de estos controles automatizados y sistemas de información para asegurarse de que son fiables y respaldan eficazmente los controles financieros. Un aspecto importante del control financiero es el establecimiento de políticas y procedimientos que guíen la actividad financiera de la empresa. Los auditores internos evalúan la adecuación, integridad y exactitud de estas políticas y procedimiento para garantizar que se comunican de forma eficaz, se comprenden y se siguen de forma coherente en toda la organización. Los controles financieros y la auditoría interna desempeñan un papel fundamental en la gestión del bienestar financiero de una empresa. Al implantar y evaluar la eficacia de los controles financieros, los empresarios pueden minimizar el riesgo de errores financieros, fraudes e incumplimientos. Los auditores internos proporcionan un servicio independiente de confianza y consultoría para ayudar a las empresas a alcanzar su objetivo financiero y mejorar sus procesos de gestión de riesgos, control y gobernanza. Mediante la aplicación de la segregación de funciones, procesos de autorización adecuados, seguimiento y supervisión, salvaguardias físicas y medidas de seguridad, controles automatizados y sistemas de información, y políticas y procedimientos bien definidos, los empresarios pueden establecer una base financiera sólida y garantizar la exactitud, fiabilidad y cumplimiento de su información financiera.

DEFINICIÓN E IMPORTANCIA DE LOS CONTROLES FINANCIEROS

Los controles financieros se refieren al sistema, los procedimientos y la política que la organización pone en marcha para garantizar la gestión eficiente y eficaz de sus recursos financieros. Estos controles desempeñan un papel crucial en el éxito y la sostenibilidad de las empresas. Los controles financieros abarcan una amplia gama de actividades, como la elaboración de presupuestos, las auditorías internas, la gestión de riesgos y la información financiera, entre otras. El objetivo principal de los controles financieros es mitigar los riesgos, garantizar el cumplimiento de las leyes y reglamentos y salvaguardar los activos. Al implantar controles financieros sólidos, la organización no sólo puede minimizar la probabilidad de fraude, errores y malversación de fondos, sino también establecer una base sólida para tomar decisiones informadas y alcanzar sus objetivos financieros. Un aspecto fundamental de los controles financieros es la elaboración de presupuestos. Un presupuesto sirve de hoja de ruta para las empresas, ayudándolas a planificar sus actividades financieras, asignar los recursos con eficacia y evaluar su ejecución. Permite a los empresarios fijar objetivos realistas, controlar su progresión y hacer ajustes si es necesario. Un presupuesto bien diseñado tiene en cuenta tanto los ingresos como los gastos de una empresa, garantizando que los gastos estén en consonancia con los recursos disponibles. Cumpliendo un presupuesto, los empresarios pueden conocer el flujo de caja de su empresa, identificar áreas de gasto excesivo o posibles ahorros, y tomar decisiones financieras con conocimiento de causa.

Las auditorías internas son otro aspecto crítico de los controles financieros. Las auditorías internas son un examen sistemático e independiente de las actividades financieras y operativas de una parte, realizado por un auditor interno. Estas auditorías proporcionan una valoración objetiva del grado de cumplimiento de la política y los procedimientos de un establecimiento, identifican posibles puntos débiles o áreas de mejora y evalúan la potencia de la estrategia de gestión de riesgos. Las auditorías internas ayudan a los empresarios a identificar y abordar cualquier ineficacia, error o actividad fraudulenta que pueda estar ocurriendo en su establecimiento. Mediante la realización periódica de auditorías internas, las empresas pueden mejorar sus controles internos y mitigar los riesgos potenciales, garantizando la integridad y fiabilidad de su información financiera. La gestión de riesgos es un componente integral de los controles financieros. Las empresas se enfrentan a una amplia gama de riesgos, incluidos los financieros, operativos, jurídicos y de reputación. Una gestión eficaz del riesgo implica identificar, evaluar y mitigar estos riesgos para proteger los activos, la reputación y el bienestar financiero del establecimiento. Los controles financieros ayudan a los empresarios a aplicar la estrategia de gestión de riesgos mediante mecanismos como la separación de funciones, los controles de autoridad y el sistema de control interno. Estos controles proporcionan un modelo para garantizar que las decisiones se toman basándose en información precisa y fiable, reduciendo la probabilidad de errores y fraude. Gestionando los riesgos de forma proactiva, las empresas pueden minimizar las pérdidas potenciales y aprovechar las oportunidades que puedan surgir. La información financiera es otro elemento crítico de los controles financieros. Unos informes financieros puntuales y precisos permiten a los empresarios hacer un seguimiento de la ejecución financiera de su negocio y comunicarlo a las partes interesadas, como inversores, prestamistas y organismos reguladores. Los informes financieros proporcionan una fotografía completa de la situación financiera de una empresa, incluidos sus activos, pasivos, ingresos y gastos. Permite a los empresarios evaluar la rentabilidad y solvencia de su empresa, tomar decisiones estratégicas y cumplir los requisitos legales y reglamentarios. Los controles financieros garantizan que la información financiera se elabore de conformidad con los principios contables generalmente aceptados, aumentando así la transparencia y credibilidad de la información facilitada. Los controles financieros son esenciales para el éxito y la sostenibilidad de las empresas. Estos controles abarcan una amplia gama de actividades, como la elaboración de presupuestos, las auditorías internas, la gestión de riesgos y la información financiera. Mediante la implantación de controles financieros sólidos, los empresarios pueden mitigar los riesgos, garantizar el cumplimiento de las leyes y reglamentos y salvaguardar los activos. Los controles financieros proporcionan una base sólida para tomar decisiones con conocimiento de causa, planificar y asignar los recursos con eficacia y alcanzar los objetivos financieros. Además, los controles financieros mejoran la integridad y fiabilidad de la información financiera, refuerzan el entorno de control interno y fomentan la transparencia y la responsabilidad dentro de la organización. Los empresarios deben dar prioridad a la formación y el mantenimiento de controles financieros eficaces para gestionar su dinero y hacer crecer sus negocios.

TÉCNICAS PARA IMPLANTAR CONTROLES FINANCIEROS EFICACES EN UNA EMPRESA

Estos controles son necesarios para garantizar que una empresa funciona eficazmente y que sus recursos financieros se gestionan de forma efectiva. Hay varias técnicas que los empresarios pueden emplear para aplicar estos controles y garantizar la constancia financiera de su empresa. La primera técnica es crear un presupuesto. Un presupuesto es un programa financiero que describe los ingresos y gastos previstos de una empresa a lo largo de un periodo de tiempo determinado. Creando un presupuesto, los empresarios pueden fijar objetivos financieros y seguir su progresión hacia la consecución de los mismos. Esto les permite tomar decisiones informadas sobre cómo asignar los recursos e identificar las áreas en las que se pueden reducir los costes o aumentar los ingresos. Otra técnica para implantar controles financieros eficaces es establecer políticas y procedimientos financieros. Estas políticas y procedimientos proporcionan directrices sobre cómo deben gestionarse las operaciones financieras en la empresa. Esbozan quién tiene autorización para tomar decisiones financieras, cómo deben mantenerse los registros financieros y qué requisitos de información financiera deben cumplirse. Al establecer políticas y procedimientos claros, los empresarios pueden asegurarse de que las transacciones financieras se realizan de forma coherente y precisa. Esto ayuda a evitar errores y fraudes y garantiza que la información financiera sea fiable y significativa. Una tercera técnica para implantar controles financieros eficaces es supervisar y analizar periódicamente el rendimiento financiero. Esto implica revisar los informes financieros y compararlos con los objetivos y puntos de referencia establecidos. Supervisando regularmente el rendimiento financiero, los empresarios pueden identificar rápidamente cualquier desviación del programa y tomar medidas correctivas. Esto puede implicar ajustar el presupuesto, reasignar recursos o aplicar medidas de ahorro. Además de controlar los resultados financieros, los empresarios deben realizar análisis financieros periódicos para conocer el estado financiero de su empresa. Esto puede implicar el cálculo de ratios financieros, como ratios de liquidez, ratios de rentabilidad y ratios de eficiencia, para evaluar el poder de la empresa para cumplir sus obligaciones a corto y largo plazo, generar beneficios y utilizar sus recursos con eficacia. Una cuarta técnica para implantar controles financieros eficaces es la implantación de controles internos. Los controles internos son los procesos y procedimientos que una empresa pone en marcha para salvaguardar sus activos, garantizar la veracidad de sus registros financieros y promover la eficacia operativa. Algunos ejemplos de controles internos son la separación de funciones, la exigencia de aprobación de las transacciones financieras, la realización periódica de recuentos físicos de inventarios y la conciliación periódica de los extractos de depósito con el registro financiero de la empresa. Aplicando controles internos, los empresarios pueden mitigar el peligro de error, fraude y desvío, y garantizar la protección de los recursos financieros de su empresa. Los empresarios pueden implantar controles financieros eficaces revisando y actualizando periódicamente los sistemas y procesos financieros de su empresa. A medida que evolucionan la tecnología y la práctica empresarial, es importante que los empresarios evalúen periódicamente sus sistemas y procesos financieros para asegurarse de que siguen siendo eficaces y eficientes. Esto puede implicar actualizar el paquete contable, implantar una nueva herramienta de información financiera o racionalizar los procesos financieros para reducir costes y mejorar la veracidad. Al revisar y actualizar periódicamente sus sistemas y procesos financieros, los empresarios pueden aprovechar las oportunidades de mejora y asegurarse de que los controles financieros de su empresa siguen siendo eficaces frente a las circunstancias cambiantes. Implantar controles financieros eficaces es crucial para el éxito de cualquier empresa. Creando un presupuesto, estableciendo políticas y procedimientos financieros, supervisando y analizando el rendimiento financiero, implantando controles internos y revisando y actualizando periódicamente los sistemas y procesos financieros, los empresarios pueden asegurarse de que su empresa funciona con eficiencia y de que sus recursos financieros se gestionan eficazmente. Empleando esta técnica, los empresarios pueden tomar decisiones financieras con conocimiento de causa, paliar los riesgos y orientar su negocio hacia el éxito a largo plazo.

EL PAPEL DE LA AUDITORÍA INTERNA PARA GARANTIZAR LA TRANSPARENCIA FINANCIERA Y LA RENDICIÓN DE CUENTAS

Actúan como mecánicos para valorar y evaluar la eficacia de los controles internos de una organización, los procesos de gestión de riesgos y el cumplimiento de las leyes y reglamentos pertinentes. Al realizar una revisión periódica e independiente de los datos y procesos financieros, los auditores internos ayudan a identificar cualquier discrepancia o irregularidad que pueda existir en los estados financieros o el funcionamiento de una organización. El objetivo principal de una auditoría interna es proporcionar una garantía razonable sobre la fiabilidad y la unidad de los informes financieros de una organización. Los auditores internos logran este objetivo evaluando la eficacia de los controles internos que rigen la actividad financiera de la organización. Examinando el diseño y la ejecución del sistema de control, los auditores internos pueden identificar puntos débiles o lagunas que puedan exponer a la organización a riesgos financieros o fraudulentos. Mediante la valoración de los procesos de control, como la separación de funciones, la aprobación del gobierno y los procedimientos de corroboración, los auditores internos pueden garantizar que las transacciones financieras se registran, autorizan y notifican con exactitud. La transparencia financiera es otra faceta vital que los auditores internos ayudan a conseguir. La transparencia se refiere a la disponibilidad y claridad de la información financiera de una organización para las partes interesadas, incluidos los accionistas, los inversores y el gobierno regulador. Los auditores internos desempeñan un papel fundamental a la hora de garantizar que los estados financieros ofrezcan una perspectiva veraz y justa de la situación financiera de una organización, examinando la estimación contable crítica, las prácticas de revelación y la adhesión a los principios contables. Al revisar los informes financieros y la revelación de información, los auditores internos pueden identificar cualquier inexactitud u omisión que pueda comprometer la transparencia de la información financiera. Esto contribuye a garantizar que las partes interesadas dispongan de datos financieros fiables y precisos para tomar decisiones informadas sobre la organización. Los auditores internos también contribuyen a mejorar la rendición de cuentas dentro de las organizaciones. La rendición de cuentas se refiere al deber y la obligación de un individuo o una entidad de responder de sus acciones o decisiones. Los auditores internos ayudan a responsabilizar a los individuos evaluando objetivamente su cumplimiento de la política, los procedimientos y las leyes y reglamentos pertinentes. Mediante el reexamen y examen de la actividad financiera, los auditores internos pueden detectar cualquier comportamiento no conforme, irregularidades financieras o prácticas poco éticas. Al informar de tales hallazgos a la dirección y al panel de directores, los auditores internos desempeñan un papel importante a la hora de garantizar que las personas se responsabilicen de sus acciones y decisiones y que se tomen las medidas adecuadas para rectificar cualquier deficiencia detectada. Además, el papel de las auditorías internas para garantizar la transparencia financiera y la responsabilidad va más allá de los estados financieros. Los auditores internos participan cada vez más en la evaluación de los procesos generales de gestión de riesgos de una organización. Al evaluar la eficacia de la estrategia de reconocimiento, valoración y atenuación de riesgos de una organización, los auditores internos ayudan a garantizar que los riesgos financieros potenciales se identifican y gestionan adecuadamente. Esto incluye los riesgos relacionados con el fraude, el despilfarro, los controles inadecuados o el incumplimiento de leyes y reglamentos. Mediante su evaluación, los auditores internos ayudan a las organizaciones a mejorar sus prácticas de gestión de riesgos, aumentando así la transparencia y la responsabilidad. Las auditorías internas desempeñan un papel importante a la hora de garantizar la transparencia financiera y la responsabilidad dentro de las organizaciones. Mediante la valoración de los controles internos, el cumplimiento de las leyes y reglamentos, y la fiabilidad de los estados financieros, los auditores internos ayudan a identificar cualquier debilidad, irregularidad o comportamiento no conforme. Su valoración objetiva proporciona a las partes interesadas una garantía razonable sobre la veracidad y fiabilidad de la información financiera. Los auditores internos también contribuyen a mejorar la rendición de cuentas, responsabilizando a los individuos de sus actos y decisiones y ayudando en la evaluación de la gestión de riesgos. El papel de las auditorías internas es fundamental para fomentar la confianza en los informes financieros de una organización y promover prácticas de gestión financiera sólidas. Para que los empresarios gestionen con éxito sus finanzas y hagan crecer sus negocios, es crucial que comprendan los principios financieros fundamentales y sepan aplicarlos con eficacia. Uno de estos principios es el concepto de presupuesto. El presupuesto implica la estimación y asignación de fondos a distintos aspectos de un negocio, como la comercialización, el funcionamiento y la investigación y el desarrollo. Creando un presupuesto, los empresarios pueden planificar y controlar sus gastos, asegurándose de que están en consonancia con sus ingresos y sus objetivos empresariales generales. Esto les permite tomar decisiones informadas y evitar gastos excesivos o dificultades financieras. Otro principio financiero importante es la dirección del flujo de caja. El flujo de caja se refiere a la entrada y salida de dinero de una empresa, y gestionarlo eficazmente es esencial para el éxito a largo plazo de cualquier aventura empresarial. Controlando periódicamente las entradas y salidas de dinero, los empresarios pueden asegurarse de que tienen suficiente líquido para cubrir sus gastos y cumplir sus obligaciones financieras. Esto incluye pagar puntualmente a los proveedores, empleados y prestamistas, así como mantener un nivel adecuado de liquidez de trabajo para apoyar el funcionamiento diario. La dirección eficaz del flujo de caja también implica tener una idea clara del momento del flujo de caja, como cuándo es probable que el cliente efectúe el pago y cuándo vencen los gastos, lo que permite a los empresarios planificar y prepararse en consecuencia. Un principio financiero clave que deben comprender los empresarios es el concepto de apalancamiento financiero. El apalancamiento financiero se refiere a la utilización de fondos prestados para financiar el funcionamiento o la inversión de la empresa. Aunque puede ser un instrumento útil para los empresarios, ya que les permite apalancarse y generar potencialmente un mayor rendimiento, también conlleva ciertos riesgos. Un alto nivel de apalancamiento puede conllevar mayores gastos de preocupación y aumentar potencialmente la exposición financiera de la empresa. Los empresarios deben evaluar cuidadosamente el beneficio y los riesgos potenciales asociados al uso del apalancamiento y determinar el nivel adecuado de deuda que deben asumir en función de la forma financiera de su empresa y de su permisividad al riesgo. Además, los empresarios deben comprender la importancia de la previsión y la planificación financieras. La previsión financiera implica estimar los resultados financieros futuros basándose en la información histórica y la tendencia actual. Realizando previsiones financieras, los empresarios pueden identificar oportunidades y riesgos potenciales, tomar decisiones empresariales con conocimiento de causa y establecer objetivos financieros realistas. También facilita el desarrollo de un plan financiero completo que esboce la estrategia y las medidas necesarias para alcanzar esos objetivos. Esto incluye determinar la combinación adecuada de deuda y financiación justa, establecer la estrategia de precios y asignar los recursos de forma eficaz. Revisando y actualizando periódicamente sus previsiones y su plan financiero, los empresarios pueden adaptarse a la cambiante coyuntura del mercado y realizar los ajustes necesarios para garantizar el aumento y la sostenibilidad financiera de su empresa. La dirección eficaz de las finanzas es crucial para que los empresarios puedan hacer crecer sus negocios. Comprendiendo y aplicando los principios financieros fundamentales, como el presupuesto, la dirección del flujo de caja, el apalancamiento financiero y la previsión y planificación financieras, los empresarios pueden tomar decisiones informadas que conduzcan al éxito a largo plazo. Estos principios permiten a los empresarios asignar sus recursos de forma eficiente, mantener un flujo de caja saneado, aprovechar sus mayúsculas de forma eficaz y establecer objetivos financieros realistas. Aplicando estos principios financieros, los empresarios pueden gestionar eficazmente su dinero y hacer crecer sus negocios.

XII. SOFTWARE Y HERRAMIENTAS DE GESTIÓN FINANCIERA

Estas herramientas proporcionan información valiosa y ayudan a gestionar y hacer crecer las finanzas de una empresa con eficacia. Un popular software de gestión financiera es QuickBooks, que ofrece una serie de funciones diseñadas para simplificar las tareas financieras y mejorar la eficiencia general. Con Quick-Books, los empresarios pueden seguir fácilmente sus ingresos y gastos, generar informes financieros e incluso gestionar las nóminas. Otra herramienta muy utilizada es FreshBooks, un software de contabilidad específicamente diseñado para pequeñas empresas y autónomos. FreshBooks permite a los empresarios hacer un seguimiento de su reloj, crear facturas profesionales y comunicarse eficazmente con el cliente, todo en un programa fácil de usar. Además de esta solución de software, existen otras herramientas de gestión financiera que los empresarios pueden aprovechar para mejorar sus procesos de toma de decisiones financieras. Las herramientas presupuestarias, como Coin y You Need a Budget (NAB) , ayudan a los empresarios a crear y ceñirse a un presupuesto, proporcionándoles información actualizada en tiempo real sobre ingresos y gastos. Estas herramientas también ofrecen información sobre los patrones de gasto, lo que permite a los empresarios identificar las áreas en las que pueden recortar gastos y ahorrar dinero. Las herramientas de previsión financiera, como Plan Guru y Projection Hub, permiten a los empresarios proyectar los ingresos y gastos futuros y tomar decisiones financieras informadas basadas en esta proyección. Utilizando estas herramientas, los empresarios pueden anticipar mejor la fluctuación del flujo de caja y tomar las medidas adecuadas para mitigar el riesgo financiero. El software y las herramientas de gestión financiera permiten a los empresarios controlar y gestionar la salud financiera de su empresa con mayor eficacia. Las herramientas de gestión del flujo de caja, como Pulsing y Swim, proporcionan a los empresarios información en tiempo real sobre la situación de su flujo de caja, permitiéndoles identificar posibles déficits o excedentes de efectivo y tomar las medidas necesarias en consecuencia. Del mismo modo, las herramientas de gestión de deudores como Zoho bill e Invoice Sherpa simplifican el proceso de seguimiento y cobro de los clientes, mejorando así el flujo de caja general de la empresa. Con la ayuda de estas herramientas, los empresarios pueden agilizar sus procesos de gestión de tesorería y minimizar el peligro de interrupción del flujo de caja. El software y las herramientas de gestión financiera ofrecen a los empresarios un perfil mejorado de la ejecución financiera de su negocio. Las herramientas de análisis e informes, como Tableau y Microsoft ability bismuth, permiten a los empresarios recopilar, examinar y visualizar la información financiera de forma significativa. Estas herramientas permiten a los empresarios obtener información valiosa sobre indicadores clave de ejecución, como el aumento de ingresos, la rentabilidad y el rendimiento de la inversión, que pueden orientar sus procesos de toma de decisiones. Además, estas herramientas pueden ayudar a los empresarios a identificar tendencias, patrones y áreas potenciales de mejora en el funcionamiento de su empresa. Aprovechando esta información, los empresarios pueden tomar decisiones basadas en datos que respalden su objetivo financiero e impulsen el crecimiento del negocio. En resumen, el software y las herramientas de gestión financiera son recursos esenciales para los empresarios que quieren gestionar su dinero con eficacia y hacer crecer su negocio. Estas herramientas simplifican varias tareas financieras, como el presupuesto, la gestión del flujo de caja y las previsiones financieras, permitiendo a los empresarios centrarse en la actividad empresarial principal. Además, estas herramientas proporcionan a los empresarios información valiosa sobre la salud financiera y la ejecución de su negocio, lo que les permite tomar decisiones informadas y emprender las acciones adecuadas. Como el entorno empresarial sigue evolucionando, es crucial que los empresarios adopten estos avances tecnológicos y los aprovechen a su favor. Al hacerlo, los empresarios pueden navegar por el complejo panorama financiero con alivio y maximizar el incremento posible de su negocio.

PROGRAMAS Y HERRAMIENTAS DE GESTIÓN FINANCIERA A DISPOSICIÓN DE LOS EMPRESARIOS

En el panorama empresarial moderno de hoy en día, hay una amplia gama de aplicaciones y herramientas de software a disposición de los empresarios que pueden simplificar y agilizar el proceso de gestión financiera. Una alternativa popular es el software de contabilidad, que ayuda a los empresarios a registrar y seguir las transacciones financieras de su empresa, generar estados financieros y gestionar las tareas contables cotidianas. Algunos ejemplos de programas de contabilidad muy utilizados son QuickBooks, Hero y FreshBooks. Estos programas son fáciles de usar, asequibles y proporcionan a los empresarios información en tiempo real sobre la salud financiera de su empresa. Otra herramienta importante a disposición de los empresarios es el software de presupuestos y previsiones. Estas herramientas permiten a los empresarios crear un presupuesto completo, establecer objetivos financieros y generar previsiones y proyecciones basadas en diversos escenarios. Utilizando software de presupuestación y previsión, los empresarios pueden tomar decisiones financieras informadas, planificar el crecimiento e identificar posibles problemas o riesgos. Algunas herramientas populares de presupuestación y previsión son Adaptive Insights, Profit y Plan Guru. Además, el software de análisis financiero es cada vez más popular entre los empresarios, ya que proporciona información valiosa sobre la información financiera de la empresa. El software de análisis financiero permite a los empresarios analizar métricas financieras clave, identificar tendencias y tomar decisiones basadas en datos. Algunos ejemplos de herramientas de análisis financiero son Tableau, ability bismuth y Olivier. Estas herramientas ayudan a los empresarios a conocer mejor el rendimiento financiero, la rentabilidad y la tesorería de su empresa, lo que les permite tomar decisiones bien informadas e impulsar el crecimiento. Además de aplicaciones informáticas específicas, también hay varias plataformas y servicios en línea que ofrecen un conjunto completo de herramientas de gestión financiera para empresarios. Roll ofrece una serie de herramientas financieras, como contabilidad, facturación y proceso de pago, todo en una plataforma integrada. Coin es una popular aplicación de finanzas personales que los empresarios pueden utilizar para hacer un seguimiento de sus gastos personales y empresariales, establecer un presupuesto y controlar sus objetivos financieros. Estas plataformas proporcionan a los empresarios un eje centralizado para gestionar sus finanzas, agilizar las tareas y mantenerse organizados. El software y las herramientas de gestión financiera pueden beneficiar enormemente a los empresarios, proporcionándoles las herramientas y conocimientos necesarios para gestionar eficazmente sus finanzas. Estas herramientas pueden ayudar a los empresarios a ahorrar tiempo, reducir errores y comprender claramente la salud financiera de su empresa. Utilizando software de contabilidad, los empresarios pueden automatizar las tareas administrativas y generar estados financieros precisos y actualizados. Las herramientas de presupuestación y previsión permiten a los empresarios planificar el crecimiento, identificar riesgos potenciales y tomar decisiones financieras con conocimiento de causa. El software de análisis financiero proporciona a los empresarios información valiosa sobre el rendimiento financiero de la empresa, lo que les permite optimizar el funcionamiento de su negocio e impulsar el crecimiento. Las plataformas y servicios online ofrecen un conjunto completo de herramientas de gestión financiera que los empresarios pueden aprovechar para agilizar las tareas y mantenerse organizados. La accesibilidad del software y las herramientas de gestión financiera ha revolucionado el modo en que los empresarios gestionan sus finanzas, capacitándoles para tomar decisiones financieras informadas y hacer crecer con éxito sus negocios.

VENTAJAS DEL USO DE LA TECNOLOGÍA PARA LA GESTIÓN FINANCIERA

Las ventajas de utilizar la tecnología para la gestión financiera son numerosas y pueden facilitar enormemente el proceso de gestión de las finanzas de los empresarios. Una de las principales ventajas es la capacidad de realizar un seguimiento y análisis rápido y eficaz de los datos financieros. Con el uso de software y herramientas online, los empresarios pueden introducir y almacenar fácilmente información financiera, como ingresos, gastos y flujo de caja. Esto les permite tener una perspectiva en tiempo real de su situación financiera y tomar decisiones informadas sobre el presupuesto y la planificación financiera. Además, la tecnología puede proporcionar a los empresarios acceso a una amplia gama de recursos e información financieros. Mediante el uso de aplicaciones móviles y plataformas online, los empresarios pueden acceder a noticias financieras, tendencias del mercado y oportunidades de inversión, lo que les permite estar al día y tomar decisiones financieras bien informadas. Otra ventaja de utilizar la tecnología para la gestión financiera es la automatización de tareas repetitivas. Muchas herramientas de gestión financiera ofrecen funciones que automatizan tareas como la generación de cuentas, el seguimiento de los desembolsos y la elaboración de informes financieros. Esto no sólo ahorra tiempo a los empresarios, sino que también reduce el riesgo de error humano en el cálculo financiero. La tecnología puede mejorar la colaboración y la comunicación en la gestión financiera. Con el uso de software y plataformas basados en la nube, los empresarios pueden tratar datos financieros y cooperar con su escudero o asesor financiero en tiempo real. Esto permite una colaboración eficaz, mejora la transparencia y garantiza que todos los implicados estén en la misma línea respecto a los objetivos y la progresión financiera del partido. La tecnología también puede proporcionar a los empresarios una mayor veracidad y eficacia en la previsión y planificación financieras. El software de gestión financiera puede generar informes financieros detallados, proyecciones y previsiones basadas en datos históricos y diversos supuestos. Esto puede ayudar a los empresarios a identificar posibles riesgos y oportunidades financieras, desarrollar objetivos financieros realistas y tomar decisiones informadas sobre la gestión del flujo de caja, la asignación presupuestaria y la estrategia de inversión. Además, el uso de la tecnología puede ayudar a los empresarios a agilizar el proceso financiero y reducir costes. Implantando un sistema de pago online y un proceso de cuentas automatizado, los empresarios pueden ahorrar tiempo y reducir el coste asociado al proceso de pago manual y a la factura en papel. La tecnología puede ayudar a los empresarios a obtener información valiosa y tomar decisiones financieras basadas en datos. Aprovechando las herramientas de análisis de datos, los empresarios pueden analizar patrones financieros, tendencias y métricas, y comprender mejor su ejecución financiera. Esto puede ayudarles a identificar áreas de mejora, optimizar la generación de ingresos y tomar decisiones financieras estratégicas que se ajusten a los objetivos de su clientela. El uso de la tecnología para la gestión financiera puede mejorar la protección y reducir el riesgo de fraude. Muchas herramientas de gestión financiera ofrecen funciones de protección avanzadas, como codificación, certificación de dos factores y copias de seguridad periódicas de los datos, para proteger la información financiera sensible de accesos no autorizados o ciberataques. Además, la tecnología puede proporcionar a los empresarios acceso a herramientas de supervisión en tiempo real que pueden detectar y alertarles de cualquier actividad financiera sospechosa. Las ventajas de utilizar la tecnología para la gestión financiera son numerosas y pueden facilitar enormemente el proceso de gestión de las finanzas a los empresarios. Desde la capacidad de rastrear y analizar datos financieros en tiempo real hasta la automatización de tareas repetitivas y la provisión de valiosos conocimientos, la tecnología ofrece a los empresarios una serie de herramientas y recursos para gestionar eficazmente sus finanzas, tomar decisiones informadas y hacer crecer su negocio. Aprovechando la fuerza de la tecnología, los empresarios pueden obtener una ventaja competitiva en el panorama financiero cada vez más digital y complejo.

FACTORES A TENER EN CUENTA AL ELEGIR EL SOFTWARE O LA HERRAMIENTA MÁS ADECUADA PARA UNA EMPRESA

En primer lugar, es muy importante evaluar las necesidades y requisitos específicos de la empresa. Esto implica identificar la tarea y los procesos que el software o la herramienta deben gestionar. Por ejemplo, si la empresa necesita un software de contabilidad, es importante determinar si necesita una funcionalidad de contabilidad básica o una función más avanzada, como la dirección de nóminas y el seguimiento de inventarios. Comprender las necesidades específicas de la empresa ayudará a acotar la opción y seleccionar un software o herramienta que se ajuste a este requisito. En segundo lugar, debe tenerse en cuenta la escalabilidad del software o la herramienta. A medida que una empresa crece, también aumentan sus necesidades y su demanda. Es esencial elegir un software o herramienta que pueda adaptarse al futuro aumento de la empresa. Esto significa asegurarse de que el software o la herramienta tiene capacidad para gestionar una mayor intensidad de transacciones, usuarios o información. La escalabilidad es especialmente importante para las nuevas y pequeñas empresas que prevén una rápida ampliación. Invertir en un software o herramienta escalable puede ahorrar a la empresa las molestias y el desembolso que supone cambiar a un nuevo sistema en el futuro. Otro factor importante a tener en cuenta es la compatibilidad con los sistemas y procesos existentes. Las empresas suelen disponer de software, herramientas o procesos ya existentes en los que confían para sus operaciones. Al elegir un nuevo software o herramienta, es crucial asegurarse de que puede integrarse sin problemas con estos sistemas existentes. Esto puede implicar comprobar si el software ofrece API u otra opción de integración. Elegir un software o herramienta que sea compatible con los sistemas existentes puede ahorrar tiempo e intentos en el proceso de ejecución y minimizar la interrupción de las operaciones de la empresa. La facilidad de uso también es un factor crítico a tener en cuenta. El software o la herramienta deben ser fáciles de usar y de navegar. Debe tener un puerto claro e intuitivo que requiera una preparación o soporte mínimos. Esto es especialmente importante para las empresas que no disponen de personal informático especializado o de amplios conocimientos técnicos. Un software o herramienta fácil de usar puede ayudar a garantizar un cambio más suave y minimizar la curva de aprendizaje para el empleado. El precio es otra circunstancia clave. Las empresas deben evaluar el precio de adquisición y mantenimiento del software o la herramienta. Esto incluye no sólo el precio inicial, sino también cualquier cuota continua, como la licencia o la cuota de suscripción. Es importante determinar si el software o la herramienta ofrecen una buena relación calidad-precio y si el beneficio compensa el coste. Además, conviene considerar si hay algún coste oculto, como gastos de ejecución o personalización. Realizar un psicoanálisis coste-beneficio puede ayudar a las empresas a tomar una decisión informada y evitar cualquier carga financiera inesperada. Es aconsejable buscar la recomendación y revisión de otras empresas o de expertos en fabricación. Esto puede proporcionar una visión valiosa y ayudar a evaluar la idoneidad y fiabilidad del software o la herramienta. Los foros online, los grupos de medios sociales y las conferencias de fabricantes son buenas fuentes para recabar opiniones y comentarios. Tomarse el tiempo necesario para indagar y recopilar información puede ayudar a tomar una decisión informada y a seleccionar un software o herramienta que tenga un disco de carreras probado. A la hora de elegir el software o la herramienta más adecuados para una empresa, es importante tener en cuenta factores como las necesidades específicas, la escalabilidad, la compatibilidad, la capacidad de servicio, el precio y la recomendación. Evaluar estos factores ayudará a las empresas a tomar una decisión informada y a seleccionar un software o herramienta que se ajuste a sus necesidades y contribuya a su éxito. La base de toda empresa de éxito es una sólida gestión financiera. Es crucial que los empresarios comprendan los principios financieros fundamentales y los apliquen a su negocio para lograr un crecimiento sostenible. Uno de los aspectos clave de la gestión financiera es la elaboración de presupuestos. Un presupuesto sirve de hoja de ruta para la asignación y el uso de los recursos financieros. Creando un presupuesto, los empresarios pueden planificar y controlar sus gastos, identificar áreas de ahorro potencial de precios y tomar decisiones informadas sobre la asignación de recursos. Además, los presupuestos permiten a los empresarios fijar objetivos financieros y controlar su progresión hacia la consecución de los mismos. Revisando regularmente su presupuesto y comparándolo con la cifra real, los empresarios pueden identificar cualquier discrepancia y tomar medidas correctoras si es necesario. Otro aspecto importante de la gestión financiera es la gestión del flujo de caja. El flujo de caja se refiere a la entrada y salida de dinero de una empresa. Es esencial que los empresarios controlen de cerca su flujo de caja para asegurarse de que disponen de suficiente activo líquido para cumplir sus obligaciones financieras, como pagar puntualmente a proveedores y empleados. Manteniendo un flujo de caja positivo, los empresarios pueden evitar dificultades financieras y mantener un procedimiento empresarial saludable. Por otra parte, un flujo de caja inadecuado puede provocar problemas de tesorería, que pueden obstaculizar el crecimiento e incluso llevar a la ruina a una empresa. Los empresarios deben aplicar una estrategia eficaz de gestión de la tesorería, como mantener una reserva de efectivo, optimizar la recaudación de efectivo y gestionar los gastos con eficacia. Además del presupuesto y la gestión del flujo de caja, los empresarios también necesitan conocer a fondo los estados financieros. Los estados financieros, como la cuenta de resultados, el estado de equilibrio y el estado de flujo de caja, proporcionan una valiosa información sobre el bienestar financiero y la ejecución de una empresa. Analizando estos estados, los empresarios pueden evaluar su rentabilidad, liquidez y situación financiera general. Los estados financieros también ayudan a los empresarios a evaluar la potencia de su estrategia empresarial y a tomar decisiones informadas sobre futuras inversiones y planes de ampliación. Los empresarios deben estar familiarizados con los ratios financieros clave, como el ratio corriente, el regocijo en la inversión y el ratio deuda-capital. Estos ratios proporcionan una instantánea de la ejecución financiera de una empresa y ayudan a los empresarios a evaluar su rentabilidad, liquidez y solvencia. Analizando regularmente estos ratios, los empresarios pueden identificar áreas de mejora y tomar medidas oportunas para abordar cualquier problema financiero. Los empresarios deben considerar la posibilidad de buscar asesoramiento financiero profesional. Aunque los empresarios pueden poseer un cierto nivel de conocimientos financieros, siempre es beneficioso consultar a un experto financiero para obtener una nueva visión y asegurarse de que sus decisiones financieras se ajustan a su objetivo empresarial. Un asesor financiero puede aportar una visión valiosa, ofrecer orientación sobre el plan financiero y la gestión del peligro, y ayudar a los empresarios a tomar decisiones bien informadas sobre la opción de financiación y la oportunidad de invertir. Los empresarios deben mantenerse informados sobre las últimas tendencias financieras y el desarrollo de su sector. El panorama financiero evoluciona constantemente, y los empresarios deben adaptarse a estos cambios para mantenerse por delante de la competencia. Manteniéndose al corriente de las tendencias del sector, los empresarios pueden identificar posibles oportunidades, paliar riesgos y tomar decisiones proactivas que repercutirán positivamente en el éxito financiero de su empresa. La gestión financiera es un aspecto fundamental para dirigir una empresa con éxito. Comprendiendo y aplicando los principios financieros fundamentales, los empresarios pueden gestionar eficazmente su dinero y lograr un crecimiento sostenible. El presupuesto, la gestión del flujo de caja, la comprensión de los estados financieros, el análisis de los ratios financieros, la búsqueda de asesoramiento profesional y mantenerse informado sobre las tendencias del sector son cruciales para los empresarios que quieren hacer crecer su negocio y lograr el éxito financiero a largo plazo.

XIII. PLANIFICACIÓN FINANCIERA PARA EL CRECIMIENTO Y LA EXPANSIÓN

A medida que los empresarios se esfuerzan por llevar sus empresas al siguiente nivel, resulta esencial considerar y planificar cuidadosamente las implicaciones financieras de dicho crecimiento. Uno de los primeros pasos de este procedimiento es evaluar los costes potenciales asociados a la expansión, incluida la contratación de personal docente adicional, la inversión en subestructuras y la adquisición de nuevos equipos o tecnología. Estimando estos gastos con precisión, los empresarios pueden determinar la suma de financiación o fondos adicionales que podrían necesitar para respaldar sus planes de crecimiento. Esta estimación puede hacerse realizando una investigación de mercado, consultando a un experto en fabricación o contratando a un profesional financiero especializado en ayudar a las empresas a planificar su crecimiento. Una vez identificados los costes potenciales, los empresarios deben explorar varias opciones para financiar su crecimiento y expansión. Esto puede implicar una combinación de recursos internos, como reinvertir los beneficios, utilizar los ahorros personales o buscar el apoyo financiero de amigos y familiares. En muchos casos, estos recursos internos pueden no ser suficientes para cubrir la totalidad de la expansión. En tal situación, los empresarios pueden recurrir a fuentes de financiación externas, como el préstamo de un banco o institución financiera, aventurar inversiones al alza, o la subvención o ayuda de la administración. Cada fuente de financiación tiene sus propias ventajas e inconvenientes, y los empresarios deben evaluar detenidamente qué alternativa se ajusta mejor a su objetivo de crecimiento, apetito de riesgo y sostenibilidad a largo plazo. Como componente de su planificación financiera para el crecimiento y la expansión, los empresarios deben considerar también el impacto potencial en su flujo de caja. La expansión de una empresa suele requerir importantes inversiones iniciales, que pueden dar lugar a una salida temporal de efectivo. Los empresarios deben asegurarse de que disponen de liquidez suficiente para cubrir estos gastos, sin poner en peligro su funcionamiento cotidiano ni comprometer su capacidad para hacer frente a otras obligaciones financieras, como el pago a proveedores o empleados. Para ello es necesario controlar y gestionar la proyección del flujo de caja, comprender el momento de entrada y salida de efectivo, y aplicar estrategias para salvar cualquier posible desfase de tesorería. Además del impacto a corto plazo en el flujo de caja, los empresarios deben considerar también las implicaciones financieras a largo plazo de sus planes de crecimiento y expansión. Esto incluye prever y evaluar el posible rendimiento de la inversión (ROI) de la expansión, analizar el impacto en la rentabilidad y evaluar la viabilidad financiera general del plan de crecimiento. Los ratios financieros, como el rendimiento de los activos (ROA) , el rendimiento de la equidad (ROE) y el margen de beneficios, pueden ser herramientas útiles para evaluar el bienestar financiero y la sostenibilidad de la empresa antes y después de la expansión. Es importante que los empresarios realicen un minucioso psicoanálisis financiero para asegurarse de que el beneficio potencial del crecimiento supera los costes y riesgos asociados. La planificación financiera del crecimiento y la expansión debe incluir también la planificación de eventualidades y la gestión de riesgos. Los empresarios deben anticiparse a los posibles retos y contratiempos que puedan surgir durante el procedimiento de expansión y desarrollar estrategias para mitigar estos riesgos. Esto puede incluir medidas como la diversificación del flujo de ingresos, la construcción de relaciones sólidas con proveedores y clientes, o la aplicación de medidas eficaces de control de costes. Abordando estos riesgos de forma proactiva, los empresarios pueden proteger su constancia financiera y garantizar el éxito a largo plazo de sus negocios. La planificación financiera para el crecimiento y la expansión es un elemento crítico de la gestión empresarial de éxito para los empresarios. Mediante una evaluación precisa de los costes potenciales, la exploración de opciones de financiación, el control del flujo de caja, la evaluación de la viabilidad financiera y la aplicación de estrategias de gestión de riesgos, los empresarios pueden planificar y afrontar eficazmente el reto financiero del crecimiento. Esto les permite aprovechar la oportunidad, ampliar sus negocios y, en última instancia, alcanzar su meta y objetivo a largo plazo.

PLANIFICACIÓN FINANCIERA PARA LOGRAR EL CRECIMIENTO Y LA EXPANSIÓN DE LA EMPRESA

La grandeza de la planificación financiera reside en su poder para proporcionar a los empresarios un enfoque sistemático para gestionar su dinero y maximizar sus recursos. Una planificación financiera eficaz permite a los empresarios tomar decisiones informadas sobre la inversión, la gestión del flujo de caja y el rendimiento general de la empresa. Analizando cuidadosamente la información financiera y previendo la próxima tendencia, los empresarios pueden identificar los riesgos y oportunidades potenciales, lo que a su vez les permite desarrollar estrategias para mitigar los riesgos y capitalizar las oportunidades. La planificación financiera también ayuda a los empresarios a fijar objetivos realistas y alcanzables, así como a crear una hoja de ruta para el futuro crecimiento y expansión de sus empresas. Un aspecto clave de la planificación financiera es la gestión de las inversiones. Los empresarios se enfrentan a menudo a la dificultad de asignar sus limitados recursos financieros de forma eficaz para generar el máximo rendimiento. Una planificación financiera adecuada ayuda a los empresarios a evaluar las distintas oportunidades de inversión y a elegir la que se ajuste a su objetivo empresarial. Realizando una investigación y un psicoanálisis exhaustivos, los empresarios pueden identificar las inversiones que tienen potencial para generar un alto rendimiento, al tiempo que consideran factores como la permisividad al riesgo y la necesidad de liquidez. Esto permite a los empresarios tomar decisiones con conocimiento de causa y evitar posibles escollos de inversión, lo que en última instancia conduce al crecimiento y la expansión del negocio. Otro aspecto crucial de la planificación financiera es la gestión del flujo de caja. El flujo de caja es la savia de cualquier empresa, y una gestión eficaz del flujo de caja es esencial para su resistencia y crecimiento. Al prever las entradas y salidas de efectivo, los empresarios pueden asegurarse de que sus empresas tienen suficiente líquido para cumplir sus obligaciones operativas y financieras. La planificación financiera permite a los empresarios evaluar con precisión sus necesidades de tesorería y planificar cualquier posible déficit de tesorería. Ayuda a identificar oportunidades para optimizar el flujo de caja aplicando estrategias como la gestión de las cuentas por cobrar y por pagar, la negociación de plazos de pago favorables con los proveedores o la mejora de la gestión del inventario. Gestionando eficazmente su flujo de caja, los empresarios pueden garantizar el buen funcionamiento de sus negocios, aprovechar las oportunidades de crecimiento y ampliar sus operaciones. La planificación financiera también desempeña un papel crucial en el seguimiento y la evaluación del rendimiento empresarial. Mediante el uso de ratios financieros, indicadores clave de rendimiento (KPI) y otras herramientas financieras, los empresarios pueden evaluar el bienestar financiero de sus empresas y medir su progresión hacia la consecución de su objetivo. La planificación financiera permite a los empresarios controlar métricas clave como la rentabilidad, la liquidez, la solvencia y la eficiencia, que son esenciales para identificar áreas de mejora y tomar decisiones informadas para impulsar el crecimiento empresarial. La planificación financiera ayuda a comparar el resultado real con el objetivo presupuestado, lo que permite a los empresarios identificar desviaciones y tomar medidas correctivas con prontitud. Revisando y analizando periódicamente la información financiera, los empresarios pueden obtener información valiosa sobre el rendimiento de su negocio, hacer los ajustes necesarios en sus estrategias y asegurarse de que sus empresas están en la pista de carreras para lograr el crecimiento y la expansión. La planificación financiera es de primordial importancia para los empresarios que aspiran a lograr el crecimiento y la expansión de su empresa. Les proporciona un enfoque estructurado para gestionar su dinero, tomar decisiones de inversión con conocimiento de causa, optimizar el flujo de caja y supervisar y evaluar el rendimiento empresarial. Al incorporar la planificación financiera a sus estrategias empresariales, los empresarios pueden asignar eficazmente sus recursos, mitigar los riesgos potenciales, aprovechar las oportunidades y fijar objetivos realistas para el futuro. Al hacerlo, pueden sentar las bases para conseguir logros a largo plazo y garantizar el crecimiento sostenible y la expansión de sus negocios.

ESTRATEGIAS PARA CREAR UN PLAN FINANCIERO QUE RESPALDE LAS INICIATIVAS DE CRECIMIENTO

Sin un plan financiero sólido, los empresarios pueden verse incapaces de gestionar eficazmente su dinero o tomar decisiones informadas sobre su negocio. Hay varias estrategias que los empresarios pueden utilizar para crear un plan financiero que respalde sus iniciativas de crecimiento. Ante todo, es esencial evaluar con precisión la situación financiera actual de la empresa. Esto implica analizar los estados financieros, como la mortaja de equilibrio, la cuenta de resultados y el estado de flujo de caja, para determinar el activo, el pasivo y el flujo de caja actuales de la empresa. Al comprender la posición financiera actual, los empresarios pueden identificar cualquier área de potencia o impotencia y desarrollar un plan para abordarla. Además, es importante establecer metas y objetivos financieros claros para la empresa. Estos objetivos deben ser realistas, mensurables y estar alineados con el esquema general de crecimiento del negocio. Si el objetivo es aumentar los ingresos un 20 % en el próximo año, el plan financiero debe esbozar la acción específica y los recursos necesarios para alcanzar este objetivo. También es crucial considerar el calendario y la secuencia de las iniciativas de crecimiento al crear un plan financiero. Algunas iniciativas de crecimiento pueden requerir una importante inversión inicial, como la expansión a un nuevo mercado o el lanzamiento de un nuevo producto. Los empresarios deben considerar cuidadosamente el calendario de estas iniciativas y asegurarse de que disponen de los recursos financieros necesarios para apoyarlas. Esto puede implicar conseguir financiación adicional a través de fuentes como un inversor, un préstamo o una subvención. Otro esquema para crear un plan financiero que respalde las iniciativas de crecimiento es elaborar una previsión de tesorería. Una previsión de tesorería proyecta las futuras entradas y salidas de efectivo basándose en el calendario y la cantidad previstos de ingresos y gastos. Al crear una previsión de tesorería, los empresarios pueden anticiparse a cualquier posible déficit de tesorería y tomar medidas proactivas para solucionarlo. Si la previsión indica un déficit de tesorería en tres meses, el empresario puede decidir reducir costes, aplazar ciertos gastos o explorar opciones de financiación para salvar la ruptura. Esto permite a la empresa gestionar eficazmente su tesorería y asegurarse de que dispone del líquido necesario para respaldar sus iniciativas de crecimiento. Es importante supervisar y revisar periódicamente el plan financiero para garantizar su potencia. Un plan financiero no es un ejercicio puntual, sino un instrumento dinámico que debe revisarse y actualizarse a medida que evoluciona la empresa. Revisando periódicamente el plan financiero, los empresarios pueden identificar cualquier variación o desfase entre el resultado previsto y el real. Esto les permite realizar ajustes informados en su plan financiero y garantizar que el plan sigue alineado con las iniciativas de crecimiento de la empresa. Crear un plan financiero que respalde las iniciativas de crecimiento es crucial para el éxito de cualquier empresa. Evaluando con precisión la posición financiera actual, estableciendo metas y objetivos claros, considerando el calendario de las iniciativas de crecimiento, desarrollando una previsión del flujo de caja y supervisando y revisando periódicamente el plan, los empresarios pueden gestionar eficazmente su dinero y tomar decisiones informadas sobre el crecimiento de su empresa. Aplicando esta estrategia, los empresarios pueden posicionar su negocio para conseguir logros a largo plazo y alcanzar su objetivo de crecimiento.

TÉCNICAS PARA SUPERVISAR Y AJUSTAR LOS PLANES FINANCIEROS A MEDIDA QUE EVOLUCIONA LA EMPRESA

A medida que los empresarios toman decisiones estratégicas y navegan por el siempre cambiante panorama del mercado, deben evaluar continuamente sus planes financieros para garantizar la alianza con su objetivo empresarial. Una técnica que los empresarios pueden emplear para supervisar sus planes financieros es la presupuestación. Presupuestar implica fijar objetivos financieros, asignar recursos y hacer un seguimiento de los gastos e ingresos reales. Comparando periódicamente los resultados reales con las expectativas presupuestadas, los empresarios pueden identificar las discrepancias o desviaciones y tomar las medidas correctoras adecuadas. Si los gastos reales superan la suma presupuestada, pueden hacerse ajustes, como recortar los gastos discrecionales o explorar medidas de ahorro. A la inversa, si los ingresos reales superan las expectativas, los empresarios pueden reevaluar su margen de beneficios, buscar oportunidades de ampliación o plantearse utilizar el excedente de fondos para invertir. Otra técnica para supervisar los planes financieros es el análisis de los estados financieros. Examinando los estados financieros, como la cuenta de resultados, el estado de equilibrio y el estado de flujo de caja, los empresarios pueden obtener información valiosa sobre el bienestar financiero y el rendimiento de su empresa. El análisis de los estados financieros implica analizar indicadores y ratios financieros clave para evaluar la rentabilidad, la liquidez y la solvencia. Por ejemplo, los empresarios pueden calcular el margen de beneficios brutos para evaluar la eficacia de su operación o la proporción actual para evaluar su capacidad de hacer frente a las obligaciones financieras a corto plazo. Revisando periódicamente los estados financieros y comparándolos con la información histórica o de referencia de la fabricación, los empresarios pueden identificar cualquier posible área de preocupación o área susceptible de mejora. Ajustar los planes financieros también implica adaptarse a los cambios del entorno empresarial. Una técnica que los empresarios pueden emplear a este respecto es el análisis de escenarios. El análisis de escenarios implica desarrollar múltiples escenarios financieros basados en diferentes supuestos o condiciones empresariales. Al considerar escenarios alternativos, los empresarios pueden anticipar el impacto potencial de diversos acontecimientos o circunstancias sobre sus planes financieros. Si una empresa opera en una fabricación muy volátil, los empresarios pueden desarrollar escenarios para condiciones de mercado tanto optimistas como pesimistas. De este modo, los empresarios pueden evaluar la resistencia y la viabilidad financiera de su empresa en distintos escenarios, lo que les permite tomar decisiones con conocimiento de causa y elaborar planes de contingencia. Además, los empresarios pueden utilizar el análisis de sensibilidad para evaluar la sensibilidad de sus planes financieros a los cambios en las variables clave. El análisis de sensibilidad consiste en determinar el impacto de variar una variable fundamental manteniendo constantes las demás hipótesis. Por ejemplo, los empresarios pueden evaluar el impacto de diferentes tasas de interés, tasas de intercambio o volumen de ventas en sus planes financieros. Realizando análisis de sensibilidad, los empresarios pueden identificar el factor más significativo de su rendimiento financiero y tomar las medidas adecuadas para mitigar el riesgo o aprovechar la oportunidad. Supervisar y ajustar los planes financieros es esencial para los empresarios a medida que evoluciona su negocio. Técnicas como el presupuesto, el análisis de los estados financieros, el análisis de escenarios y el análisis de sensibilidad pueden proporcionar a los empresarios información valiosa y permitirles tomar decisiones con conocimiento de causa. Controlando diligentemente sus planes financieros, los empresarios pueden identificar discrepancias, evaluar su rendimiento financiero y tomar medidas correctoras. Adaptando sus planes financieros a los cambios del entorno empresarial, los empresarios pueden mejorar la resistencia y la viabilidad financiera de su empresa. La supervisión y el ajuste eficaces de los planes financieros contribuyen a la consecución y el aumento a largo plazo de una empresa. Las finanzas son una faceta crítica de la gestión de una empresa. Los empresarios de éxito comprenden la importancia de gestionar eficazmente su dinero para apoyar el crecimiento y la sostenibilidad. Este test explora los principios financieros fundamentales que los empresarios deben conocer y proporciona una visión sobre cómo aplicarlos a su negocio. Uno de los principios clave que deben comprender los empresarios es la gestión del flujo de caja. El flujo de caja es la savia de una empresa y se refiere a la entrada y salida de dinero de la empresa. Es importante que los empresarios controlen de cerca el flujo de caja para asegurarse de que tienen suficiente líquido para cumplir sus obligaciones operativas y financieras. Esto puede conseguirse creando una previsión del flujo de caja, que implica estimar las próximas entradas y salidas de efectivo. Analizando esta previsión, los empresarios pueden identificar posibles déficits de tesorería y tomar las medidas adecuadas para mitigarlos, como conseguir financiación adicional o negociar una ampliación del plazo de pago con el proveedor. Además de la gestión del flujo de caja, los empresarios también deben centrarse en la rentabilidad. La rentabilidad se refiere a la capacidad de una empresa para generar beneficios, que es crucial para su éxito a largo plazo. Los empresarios pueden mejorar la rentabilidad controlando de cerca sus ingresos y gastos, y aplicando medidas de control de precios. Es importante que los empresarios revisen periódicamente su esquema de precios para asegurarse de que es competitivo y está en consonancia con el valor que ofrecen. Los empresarios deben examinar sus gastos e identificar las áreas en las que pueden reducir costes sin comprometer el calibre o la eficacia de su producto o servicio. Aumentando la rentabilidad, los empresarios pueden mejorar los resultados financieros de su empresa y crear una base sólida para el crecimiento. Otro precepto financiero que los empresarios deben tener en cuenta es la toma de decisiones de inversión. Los empresarios se enfrentan a menudo a decisiones de inversión, como la compra de nuevos equipos o la ampliación de sus instalaciones. Estas decisiones pueden tener un efecto significativo sobre la salud financiera y el posible crecimiento de la empresa. Es importante que los empresarios analicen detenidamente el rendimiento esperado de la inversión (ROI) y lo sopesen con el riesgo asociado. Esto puede conseguirse estimando las entradas y salidas de efectivo asociadas a la inversión y descontándolas para determinar el valor neto de introducción (VAN). Si el VAN es positivo, indica que se espera que la inversión genere un regocijo superior al precio de la mayúscula y, por tanto, es financieramente viable. Si el VAN es negativo, los empresarios deben reconsiderar la inversión o explorar opciones alternativas. Los empresarios deben ser conscientes de la importancia de los estados financieros en la gestión de su empresa. Los estados financieros proporcionan una instantánea del rendimiento y la situación financiera de la empresa, y permiten a los empresarios tomar decisiones con conocimiento de causa. Los estados financieros más habituales son la cuenta de resultados, el balance y el estado de tesorería. La cuenta de resultados proporciona información sobre los ingresos, gastos y beneficios netos de la empresa en un momento determinado. El balance proporciona información sobre el activo, el pasivo y la equidad de la empresa en un momento determinado. El estado de flujos de caja proporciona información sobre los flujos de caja de la actividad operativa, de inversión y de financiación. Revisando y analizando periódicamente estos estados financieros, los empresarios pueden hacerse una idea de la salud financiera de su empresa e identificar las áreas que pueden mejorarse. Comprender los principios financieros fundamentales y aplicarlos a su negocio es esencial para que los empresarios gestionen eficazmente su dinero y apoyen el crecimiento. Centrándose en la gestión del flujo de caja, la rentabilidad, la toma de decisiones de inversión y los estados financieros, los empresarios pueden tomar decisiones financieras con conocimiento de causa y crear una base sólida para el éxito de su negocio.

XIV. ESTRATEGIAS DE SALIDA Y PLANIFICACIÓN DE LA SUCESIÓN

Una estrategia de salida se refiere a una forma planificada y organizada de que un empresario abandone una empresa que ha fundado o en la que ha invertido. Esboza los pasos y acciones necesarios para una transición fluida de la propiedad o el mando. Por otra parte, la planificación de la sucesión se centra en la continuidad de la empresa más allá de la participación del empresario, garantizando su viabilidad y éxito a largo plazo. Tanto las estrategias de salida como la planificación de la sucesión son cruciales para que los empresarios las tengan en cuenta, ya que proporcionan el modelo para la transición futura y salvaguardan los intereses financieros de la empresa y sus accionistas. Una estrategia de salida habitual para los empresarios es la venta de la empresa. Esta opción puede ser bastante lucrativa si la empresa ha experimentado un crecimiento significativo y tiene una posición favorable en el mercado. Para maximizar el valor de la empresa y atraer a posibles compradores, los empresarios deben centrarse en acumular activos tangibles e intangibles. Los activos tangibles, como los bienes inmuebles y el equipamiento, pueden resultar atractivos para los compradores que busquen una operación llave en mano. Los activos intangibles, como la reputación de la marca, el terreno de los clientes y las pertenencias intelectuales, también desempeñan un papel crucial a la hora de determinar el valor de la empresa. Al vender una empresa, es importante que los empresarios tengan en cuenta el momento de la venta, el clima del mercado y los posibles compradores. Contratar los servicios de un agente empresarial o de un banquero inversor puede ayudar a navegar por el complejo procedimiento y garantizar una operación sin problemas. Otra estrategia de salida es la fusión o adquisición. Esta opción implica combinar el negocio del empresario con otra parte o ser adquirido por una organización mayor. La fusión y la adquisición ofrecen varias ventajas, como la admisión en un nuevo mercado, el aumento de recursos y la economía de superación. El empresario puede negociar un acuerdo favorable que le proporcione protección financiera y una oportunidad de crecimiento. Esta opción requiere una circunstancia cuidadosa y la debida laboriosidad para garantizar la compatibilidad con la parte adquirente y la alianza de valor y objetivo. Para los empresarios que deseen conservar cierta participación en la empresa pero transferir la propiedad o el mando, puede ser adecuada la opción de una compra por los empleados o por la dirección. En una compra por los empleados, el empresario vende la empresa al empleado. Esta opción puede proporcionar persistencia y constancia, ya que los empleados están familiarizados con las operaciones y pueden preservar la civilización y el valor de la empresa. Una compra por parte de la dirección, por otra parte, implica vender la empresa al actual gerente. Esta opción permite al empresario confiar el negocio a personas que ya conocen sus operaciones y han demostrado capacidad de liderazgo. Tanto la compra por parte de los empleados como la compra por parte de los directivos requieren una planificación minuciosa, que incluya acuerdos financieros, consideraciones legales y la garantía de una transición fluida de funciones y responsabilidades. La planificación de la sucesión es igualmente importante para que los empresarios garanticen la viabilidad a largo plazo de su empresa. Implica identificar y preparar al sucesor adecuado para que asuma la posición de liderazgo clave dentro de la organización. Este procedimiento incluye el análisis del estanque de dotación actual, el desarrollo de la capacidad de liderazgo y gestión, y la creación de un plan de sucesión claro. La planificación de la sucesión no se limita a la salida inmediata del empresario, sino que debe ser un procedimiento continuo para abordar posibles contingencias y el desarrollo. Fomentando una civilización de aprendizaje y desarrollo continuos, los empresarios pueden garantizar una transición fluida del liderazgo y mantener la frontera competitiva de la empresa. Las estrategias de salida y la planificación de la sucesión son consideraciones vitales para que los empresarios salvaguarden sus intereses financieros y garanticen la viabilidad a largo plazo de su empresa. Ya sea vendiendo la empresa, fusionándola o adquiriéndola, o recurriendo a la compra de acciones por parte de los empleados o de los directivos, los empresarios tienen varias opciones para abandonar su empresa con éxito. Del mismo modo, la planificación de la sucesión es crucial para identificar y desarrollar futuros líderes dentro de la organización, garantizando su crecimiento y éxito continuados. Comprendiendo la grandeza de estas estrategias y aplicándolas eficazmente, los empresarios pueden allanar el camino para una transición con éxito y dejar un legado duradero.

ESTRATEGIAS DE SALIDA PARA EMPRESARIOS

En el siempre cambiante mundo de los negocios, los empresarios deben estar preparados para todos los resultados posibles, incluida la necesidad de una estrategia de salida. Una estrategia de salida se refiere al programa que tiene en marcha un empresario para vender o liquidar su empresa si surge la necesidad. Aunque pueda parecer contraintuitivo pensar en poner fin a una aventura empresarial antes incluso de que empiece, tener una estrategia de salida bien pensada es de la mayor grandeza. En primer lugar, una estrategia de salida proporciona a los empresarios una hoja de ruta clara sobre cómo alcanzar sus objetivos personales y financieros. Al tener un programa predeterminado, los empresarios pueden alinear mejor sus acciones y decisiones con su objetivo a largo plazo. Si un empresario desea jubilarse en un año determinado, tener una estrategia de salida le permite planificar en consecuencia y asegurarse de que dispone de fondos y recursos suficientes para hacerlo. Una estrategia de salida sirve de ganancia segura para los empresarios en caso de que surjan circunstancias inesperadas. La recesión económica, la interrupción de la fabricación o una razón personal pueden hacer necesaria una salida precipitada. Sin una estrategia de salida bien definida, los empresarios pueden verse abrumados y mal preparados para afrontar este reto. Por otra parte, si disponen de una estrategia de salida, los empresarios pueden tomar rápidamente una decisión informada y minimizar el efecto negativo sobre su bienestar personal y financiero. Además, disponer de una estrategia de salida puede aumentar la credibilidad y el atractivo de un empresario para los inversores potenciales. Es más probable que los inversores inviertan en una empresa que tiene una estrategia de salida bien pensada, ya que demuestra que el empresario ha considerado a fondo el riesgo y la recompensa asociados a su aventura. También indica que el empresario está comprometido con la creación de valor y la generación de beneficios, tanto para sí mismo como para sus inversores. Así pues, disponer de una estrategia de salida puede ayudar a los empresarios a conseguir la financiación y el apoyo necesarios para hacer crecer su empresa y alcanzar sus objetivos a largo plazo. Una estrategia de salida sirve de instrumento para que los empresarios evalúen el valor y el atractivo de su empresa para un posible comprador o inversor. Revisando y actualizando periódicamente su estrategia de salida, los empresarios pueden identificar áreas susceptibles de mejora y tomar medidas proactivas para aumentar el valor de su empresa. Esto puede incluir invertir en iniciativas clave de crecimiento, reforzar su cartera de propiedad intelectual o racionalizar el funcionamiento para aumentar la rentabilidad. Evaluando y perfeccionando continuamente su estrategia de salida, los empresarios pueden afianzar su negocio para lograr una mayor valoración y aumentar sus probabilidades de éxito en la salida. Una estrategia de salida proporciona a los empresarios tranquilidad y una sensación de control sobre el futuro de su empresa. Construir y hacer crecer un negocio es un viaje arduo y a menudo estresante. Disponer de una estrategia de salida tranquiliza a los empresarios, ya que tienen una vía de escape planificada en caso de que surja la necesidad. Esto puede aliviar parte de la tensión y la ansiedad asociadas a la iniciativa empresarial y permitir a los empresarios centrarse más en el presente y menos en un futuro incierto. Aunque pueda resultar incómodo pensar en el final de una aventura empresarial, tener una estrategia de salida es crucial para los empresarios. Proporciona una hoja de ruta clara para alcanzar los objetivos personales y financieros, prepara a los empresarios para circunstancias inesperadas, aumenta la credibilidad ante los inversores, evalúa el valor del negocio y proporciona tranquilidad y sensación de control. Al reconocer la grandeza de la estrategia de salida, los empresarios pueden gestionar mejor sus recursos financieros y navegar por el complejo mundo de los negocios con confianza y resistencia.

TIPOS DE ESTRATEGIAS DE SALIDA DISPONIBLES: VENDER LA EMPRESA, TRASPASARLA A LA FAMILIA, HACERLA PÚBLICA, ETC.

Una de las decisiones clave que tienen que tomar los empresarios es determinar la mejor estrategia de salida para su empresa. Existen varios tipos de estrategia de salida, cada uno con sus propias ventajas e inconvenientes. Una opción es vender la empresa, lo que implica encontrar un comprador que esté dispuesto a hacerse cargo del funcionamiento y los activos de la empresa. Ésta puede ser la opción preferida de los empresarios que quieren hacer caja con sus inversiones y pasar a una nueva empresa o retirarse. La venta de la empresa puede proporcionar un importante rendimiento financiero si la empresa tiene éxito y es rentable. Encontrar al comprador adecuado puede ser un procedimiento difícil y largo, y no hay seguridad de encontrar un comprador al coste deseado. Otra estrategia de salida es traspasar la empresa a miembros de la familia. Esta opción permite al empresario mantener la empresa dentro de la familia y, potencialmente, ofrecer oportunidades a la generación futura. También puede proporcionar una sensación de persistencia y preservar el legado del empresario. Esta opción puede no ser adecuada si no hay miembros adecuados de la familia que estén dispuestos o sean capaces de hacerse cargo de la empresa. Además, pueden surgir conflictos y disputas en el seno de la familia sobre la posesión y dirección de la empresa, lo que puede complicar el procedimiento de secuencia. La salida a bolsa es otra estrategia de salida que implica transformar el negocio en una empresa que cotiza en bolsa mediante la venta de acciones de inventario al público a través de una oferta pública inicial (OPI) . Esta opción permite a los empresarios admitir un gran estanque de capital y proporcionar liquidez a los accionistas. La salida a bolsa también puede mejorar el perfil y la reputación de la empresa, facilitando la captación de clientes y socios. El procedimiento de salir a bolsa puede ser complejo y costoso, ya que exige un importante cumplimiento de la normativa y la obligación de informar continuamente. El empresario puede perder el control de la empresa si la mayor parte de las acciones pertenecen a accionistas públicos. Otra estrategia de salida es fusionarse con otra empresa o adquirirla. Esta opción implica combinar dos o más empresas para crear una entidad mayor y más competitiva. Las fusiones y adquisiciones pueden proporcionar sinergia y economía de superación al combinar recursos, capacidad y base de clientes. También puede brindar la oportunidad de diversificar el negocio y entrar en nuevos mercados. Las fusiones y adquisiciones pueden ser muy complejas y requieren la debida diligencia para garantizar la compatibilidad entre la empresa. También pueden dar lugar a un choque de civilización organizativa y a un reto de integración. Otra estrategia de salida es la eliminación, que implica la liquidación de la empresa y la venta de sus activos para pagar la deuda y distribuir los fondos restantes al empresario. Esta opción suele elegirse cuando la empresa deja de ser rentable o viable, o cuando el empresario desea jubilarse o buscar otra oportunidad. La exterminación puede proporcionar una vía rápida y eficaz para salir de la empresa, pero puede dar lugar a un menor rendimiento financiero y a la salida de la inversión del empresario.

Los empresarios tienen varias opciones para salir de su empresa, como venderla, traspasarla a familiares, hacerla pública, fusionarse con otra empresa o adquirirla, y la eliminación. Cada una de estas estrategias tiene sus propias ventajas e inconvenientes, y la selección de la mejor estrategia depende de factores como el objetivo financiero del empresario, sus preferencias personales y las características de la empresa. Es importante que los empresarios evalúen cuidadosamente cada opción y busquen asesoramiento profesional para tomar una decisión informada que maximice su rendimiento financiero y garantice un cambio sin problemas.

PLANIFICACIÓN DE LA SUCESIÓN PARA GARANTIZAR UNA TRANSICIÓN FLUIDA DE LA EMPRESA A UN NUEVO LIDERAZGO

La planificación de la sucesión es el procedimiento de identificación y desarrollo de sucesores potenciales que asuman posiciones de liderazgo clave dentro del partido cuando los líderes actuales abandonen o se jubilen. Es un instrumento estratégico esencial que permite una transición fluida de la empresa a un nuevo liderazgo. Sin una planificación adecuada de la sucesión, una empresa puede enfrentarse a innumerables retos y riesgos que podrían poner en peligro su funcionamiento y su futuro crecimiento. Una de las principales razones por las que la planificación de la sucesión es importante es que minimiza la interrupción del funcionamiento de la empresa durante el punto de transición del liderazgo. Cuando un dirigente o administrador clave se marcha, a menudo se crea un vacío temporal en cuanto a la toma de decisiones y la forma estratégica. Con un plan de sucesión bien pensado, la empresa puede seguir funcionando sin problemas mientras el nuevo líder ocupa su puesto. Esto garantiza que la estrategia empresarial siga adelante y que los empleados, los clientes y las partes interesadas sufran las mínimas interrupciones. En consecuencia, la empresa puede mantener su ventaja competitiva y preservar su posición en el mercado, lo que es crucial en el entorno empresarial actual, rápido y dinámico. Además de reducir los trastornos, una planificación eficaz de la sucesión también permite a las empresas conservar los conocimientos y la experiencia institucionales. A lo largo de su mandato, los líderes acumulan una importante suma de conocimientos y perspicacia que son vitales para el éxito de la empresa. Cuando estos líderes se marchan sin un plan de sucesión claramente definido, se corre el riesgo de perder este valioso caudal intelectual. Identificando y desarrollando a los posibles sucesores, las empresas pueden garantizar una transición fluida de estos conocimientos, asegurando que los nuevos líderes estén adecuadamente equipados para tomar decisiones informadas y afrontar los retos de la fabricación. Esto no sólo aumenta la constancia y persistencia de la empresa, sino que también facilita su continuo aumento e invención. La planificación de la sucesión desempeña un papel crucial en el mantenimiento de la moral y la motivación de los empleados. Cuando los empleados ven una ruta de progreso vocacional clara dentro del establecimiento, es más probable que se impliquen y se comprometan con su operación. La planificación de la sucesión ofrece a los empleados la posibilidad de desarrollar sus habilidades y capacidades, sabiendo que tienen el potencial de ascender a un puesto directivo en el siguiente. Esto les motiva para rendir al máximo y fomenta un entorno operativo positivo. Además, cuando los empleados ven que su colega es ascendido internamente, les infunde un sentimiento de confianza y lealtad, reduciendo así la tasa de disgustos y el coste asociado de alistamiento y preparación. Una planificación eficaz de la sucesión también mitiga los riesgos asociados a la contratación externa. Cuando una empresa se ve obligada a buscar externamente un sustituto para un puesto clave de liderazgo, no sólo incurre en un coste de alistamiento sustancial, sino que también se enfrenta al reto de encontrar a alguien con la habilidad, el sentimiento y el acomodo cultural correctos. En contrapartida, la planificación de la sucesión permite a las empresas preparar una dotación interna que ya esté familiarizada con la civilización, el valor y el funcionamiento del establecimiento. Esto reduce significativamente el tiempo y el coste necesarios para la incorporación, al tiempo que garantiza una integración más fluida en la empresa. Además, es más probable que el sucesor interno conozca en profundidad los retos y el objetivo exclusivos de la empresa, lo que le permitirá pisar a fondo el terreno y acelerar el ritmo de la toma de decisiones. La planificación de la sucesión es de suma importancia para garantizar una transición fluida de la empresa a un nuevo liderazgo. Minimiza los trastornos, conserva el conocimiento institucional, motiva a los empleados y mitiga los riesgos asociados a la contratación externa. Los empresarios deben reconocer la grandeza de la planificación de la sucesión e invertir el tiempo, los recursos y los intentos necesarios para desarrollar un plan de sucesión competo y eficaz. Al hacerlo, pueden garantizar el éxito y la sostenibilidad a largo plazo de sus empresas en un panorama empresarial cada vez más competitivo y dinámico. Las finanzas son una faceta crítica de cualquier aventura empresarial, ya que plantean a los empresarios una serie de decisiones financieras que pueden repercutir significativamente en el crecimiento y los logros de su negocio. Para gestionar eficazmente su dinero y alimentar el crecimiento empresarial, los empresarios deben poseer una sólida comprensión de los principios financieros fundamentales y saber cómo aplicarlos. Uno de esos principios es la elaboración de presupuestos, que implica estimar y asignar los recursos de forma que satisfagan las necesidades de la empresa, garantizando al mismo tiempo la estabilidad financiera y la rentabilidad. Elaborando un presupuesto detallado, los empresarios pueden identificar sus fuentes de ingresos y gastos, evaluar su flujo de caja y tomar decisiones informadas sobre la asignación de recursos. Además, el presupuesto ayuda a los empresarios a fijar objetivos y controlar su progresión, permitiéndoles ajustar su estrategia en consecuencia. Otro principio financiero fundamental es la dirección del flujo de caja. El flujo de caja se refiere al movimiento de entrada y salida de fondos de una empresa, y gestionarlo eficazmente es vital tanto para la resistencia a corto plazo como para el crecimiento a largo plazo. Los empresarios deben hacer un seguimiento cuidadoso de sus entradas y salidas de fondos, asegurándose de que haya un flujo de caja positivo para cubrir los gastos y mantener una situación financiera saneada. Para gestionar eficazmente el flujo de caja, los empresarios pueden aplicar varias estrategias, como negociar plazos de pago favorables con los proveedores, incentivar el pago anticipado por parte de los clientes y mantener una reserva de efectivo adecuada. Supervisar y analizar periódicamente el estado del flujo de caja puede proporcionar a los empresarios información valiosa sobre el bienestar financiero de su empresa, permitiéndoles identificar posibles riesgos u oportunidades. El análisis financiero es otro instrumento indispensable para que los empresarios gestionen su dinero y hagan crecer su negocio. Realizando un análisis minucioso de sus estados financieros, los empresarios pueden conocer a fondo el rendimiento financiero de su empresa y tomar decisiones con conocimiento de causa. El análisis financiero implica diversas técnicas, como el análisis de proporciones, el análisis de boga y la evaluación comparativa, que proporcionan a los empresarios información sobre su rentabilidad, liquidez, eficiencia y solvencia. Comprendiendo estos indicadores y ratios financieros, los empresarios pueden identificar las áreas de potencia e impotencia, lo que les permite centrar sus recursos en mejorar el rendimiento y maximizar la rentabilidad. Además, comprender y gestionar la concepción del riesgo es crucial para los empresarios en su procedimiento de toma de decisiones financieras. Toda aventura empresarial conlleva riesgos inherentes, y los empresarios deben evaluarlos y mitigarlos para proteger sus recursos financieros y garantizar la sostenibilidad del negocio. La dirección del riesgo implica identificar los riesgos potenciales, evaluar su probabilidad y afectación, y aplicar una estrategia para transferirlos, paliarlos o aceptarlos. Los empresarios pueden emplear diversas técnicas de dirección del riesgo, como la variegación, la indemnización y el plan de eventualidades, para minimizar las posibles consecuencias negativas de un acontecimiento imprevisto. Gestionando eficazmente el riesgo, los empresarios pueden salvaguardar sus recursos financieros y mantener la estabilidad financiera frente a la incertidumbre. Los empresarios también deben considerar las opciones de financiación de que disponen y elegir la más adecuada para la necesidad única de su empresa. Existen varias fuentes de financiación, como el ahorro personal, el préstamo de una entidad financiera, el capital riesgo, el inversor ángel, el crowdfunding y la subvención. Cada fuente tiene sus ventajas y desventajas, y los empresarios deben evaluar cuidadosamente sus opciones basándose en factores como el precio del capital, el plazo de devolución, el mando y la dilución de la posesión. Seleccionando la opción de financiación más adecuada, los empresarios pueden conseguir los fondos necesarios para poner en marcha o ampliar su empresa, minimizando al mismo tiempo las tensiones financieras y maximizando el potencial de crecimiento a largo plazo. Comprender y aplicar los principios financieros fundamentales es esencial para que los empresarios gestionen eficazmente su dinero y hagan crecer su negocio. Mediante la elaboración de presupuestos, la gestión del flujo de caja, la realización de análisis financieros, la gestión del riesgo y la selección de opciones de financiación adecuadas, los empresarios pueden tomar decisiones financieras informadas que impulsen el crecimiento del negocio y garanticen su sostenibilidad. Cultivando este miedo financiero y adaptándose continuamente a la cambiante meteorología del mercado, los empresarios pueden navegar por el complejo panorama financiero y aprovechar las oportunidades para alcanzar el éxito.

XV. CONSIDERACIONES ÉTICAS EN LA GESTIÓN FINANCIERA

Cuando los empresarios navegan por el complejo terreno de la gestión financiera, es importante que tengan en cuenta las implicaciones éticas de sus decisiones. En el afán de maximizar los beneficios y hacer crecer su negocio, los empresarios deben ser conscientes del impacto potencial que su elección puede tener en diversas partes interesadas. Una de las consideraciones éticas fundamentales en la gestión financiera es garantizar una información financiera justa y transparente. Unos informes precisos y puntuales no sólo proporcionan a las partes interesadas una fotografía clara del bienestar financiero de la empresa, sino que también mantienen la confianza de los inversores, los acreedores y los empleados. Cualquier intento de manipular o tergiversar la información financiera no sólo es moralmente incorrecto, sino que también puede acarrear consecuencias legales. Otra consideración ética en la gestión financiera es la creencia en la franqueza en las prácticas de compensación. Los empresarios deben esforzarse por establecer un sistema de remuneración justo y equitativo que se ajuste a la contribución del empleado al éxito de la empresa. Esto incluye proporcionar salarios y beneficios competitivos, ofrecer oportunidades de desarrollo y progresión en los logros y establecer incentivos basados en el rendimiento. Las prácticas discriminatorias, como la disparidad retributiva basada en la sexualidad o la raza, no sólo violan los principios éticos, sino que también pueden dañar la reputación de la empresa y obstaculizar sus perspectivas de crecimiento a largo plazo. Una gestión financiera ética exige que los empresarios tomen decisiones de inversión responsables y sostenibles. Invertir en prácticas respetuosas con el medio ambiente, fuentes de vitalidad renovables y proyectos socialmente responsables no sólo beneficia al satélite y a la comunidad, sino que también mejora la imagen de marca de la empresa y atrae a clientes con conciencia social. En contrapartida, invertir en una industria o actividad que dañe el entorno o explote a la población vulnerable puede tener graves implicaciones éticas y provocar daños a la reputación. Al dar prioridad a las inversiones éticas, los empresarios pueden crear un impacto positivo en el planeta y, al mismo tiempo, fomentar el éxito empresarial a largo plazo. Además, las consideraciones éticas se extienden a la intervención de proveedores y socios. Los empresarios deben mantener prácticas de trato justo, garantizar el pago puntual al proveedor y evitar explotar su fuerza de negociación para perjudicar a los proveedores más pequeños. Construir relaciones sólidas y transparentes con los proveedores no sólo cultiva un sentimiento de confianza y colaboración, sino que también promueve una gestión sostenible y ética de la cadena de suministro. Los empresarios deben evitar incurrir en prácticas empresariales cuestionables, como el soborno o la corrupción, al tratar con socios o entidades de la administración. Mantener un alto nivel de unidad y honestidad en los tratos comerciales no sólo se alinea con los principios éticos, sino que también protege la reputación de la empresa y mitiga el riesgo legal. Los empresarios deben tener en cuenta el impacto social y económico de sus decisiones financieras. Comprometiéndose activamente con la comunidad local y apoyando la iniciativa de desarrollo económico, los empresarios pueden contribuir positivamente al compañerismo y fomentar el éxito empresarial a largo plazo. Esto puede implicar apoyar a la beneficencia local, invertir en un programa de preparación de los empleados o asociarse con pequeñas empresas locales. Trabajar para mejorar el compañerismo no sólo se ajusta a los principios éticos, sino que también ayuda a establecer relaciones sólidas con los clientes, los empleados y otras partes interesadas. Las consideraciones éticas desempeñan un papel vital en la gestión financiera de los empresarios. Dando prioridad a una información financiera justa y transparente, estableciendo prácticas de remuneración justas, realizando inversiones responsables, fomentando relaciones éticas con proveedores y socios, y teniendo en cuenta el impacto social y económico de sus decisiones, los empresarios pueden asegurarse de que sus prácticas de gestión financiera se alinean con los principios éticos. La gestión financiera ética no sólo beneficia a las partes interesadas, sino que también contribuye al éxito empresarial a largo plazo al mantener la confianza de los inversores, atraer a clientes con conciencia social y mejorar la reputación de la empresa. Integrar la moralidad en la toma de decisiones financieras no sólo es lo correcto, sino que también sirve de base para el aumento sostenible y el éxito en el mundo empresarial.

COMPORTAMIENTO ÉTICO EN LA GESTIÓN FINANCIERA

El comportamiento ético en la gestión financiera es de suma importancia para los empresarios a fin de crear credibilidad, establecer confianza con las partes interesadas y garantizar la sostenibilidad a largo plazo de sus empresas. La gestión financiera abarca diversas actividades, como presupuestar, invertir e informar, todas las cuales requieren una toma de decisiones ética. Respetando las normas éticas, los empresarios pueden mejorar su reputación, atraer inversores y fomentar un entorno de trabajo positivo. Ante todo, el comportamiento ético en la gestión financiera ayuda a los empresarios a crear credibilidad y a establecer confianza con las distintas partes interesadas. En el panorama empresarial actual, la confianza es un plus vital que determina el éxito o el fracaso de una empresa. Actuando con ética y transparencia, los empresarios pueden establecer relaciones sólidas con sus clientes, proveedores y empleados. Por ejemplo, cuando una empresa mantiene unas normas éticas en sus prácticas financieras, es más probable que los clientes les confíen su información personal y sus transacciones de pago. Esto, a su vez, puede conducir a una mayor fidelidad de los clientes y a la repetición del negocio. Del mismo modo, es más probable que los proveedores se asocien a largo plazo con empresas éticas, lo que garantiza una cadena de suministro estable y un plazo favorable. Los empleados tienden a sentirse más seguros y motivados cuando trabajan para una parte con un modelo ético sólido. Esto crea un entorno de trabajo positivo y reduce el índice de disgustos, lo que en última instancia beneficia a la ejecución financiera de la empresa. En segundo lugar, el comportamiento ético en la gestión financiera es esencial para atraer a los inversores. Los inversores buscan empresas que demuestren unas prácticas financieras sólidas, ya que esto reduce el nivel de riesgo asociado a su inversión. Los empresarios que dan prioridad al comportamiento ético en su toma de decisiones financieras pueden presentarse como un socio digno de confianza y fiable a los ojos de los inversores potenciales. Es más probable que estos inversores confíen su capital a empresas que se alinean con sus propias normas éticas. La gestión financiera ética garantiza que los fondos de los inversores se utilicen de forma responsable, minimizando así el riesgo de fraude o asignación. Al atraer a inversores con un valor compartido, los empresarios pueden admitir capital valioso para impulsar el aumento y la ampliación de sus empresas. El comportamiento ético en la gestión financiera contribuye a la sostenibilidad a largo plazo de una empresa. Las prácticas financieras poco éticas pueden acarrear graves consecuencias, como problemas legales, daños a la reputación y desequilibrio financiero. El cumplimiento de las normas éticas, por otra parte, ayuda a los empresarios a evitar este escollo y a crear un modelo empresarial sostenible. Por ejemplo, declarando con exactitud la información financiera y cumpliendo la normativa fiscal, los empresarios pueden evitar litigios y multas. Además, la gestión financiera ética permite a los empresarios construir una sólida reputación de marca, que es un valioso plus intangible en el competitivo mercado actual. Los clientes son cada vez más conscientes de las prácticas empresariales éticas y sostenibles, y es más probable que apoyen y recomienden empresas que se alinean con sus valores. Actuando éticamente, los empresarios pueden obtener una ventaja competitiva y garantizar la antigüedad de su empresa. El comportamiento ético en la gestión financiera es crucial para que los empresarios construyan credibilidad, establezcan confianza con las partes interesadas y garanticen la sostenibilidad a largo plazo de sus empresas. Actuando éticamente, los empresarios pueden establecer relaciones sólidas con sus clientes, proveedores y empleados, mejorando su reputación y fomentando un entorno de trabajo positivo. Las prácticas financieras éticas también atraen a los inversores que buscan empresas con una estrategia de gestión financiera sólida, al tiempo que reducen el riesgo de fraude o asignación. El comportamiento ético contribuye a la sostenibilidad a largo plazo de una empresa al evitar problemas legales, preservar la reputación de la marca y satisfacer las expectativas de los clientes. Los empresarios deben dar prioridad al comportamiento ético en su toma de decisiones financieras para crear empresas florecientes y responsables.

DILEMAS ÉTICOS COMUNES A LOS QUE SE ENFRENTAN LOS EMPRESARIOS

Uno de los aspectos más desafiantes de ser empresario es navegar a través de diversos dilemas éticos que se originan en el camino de dirigir una empresa. A menudo, estos dilemas pueden oponer el valor y la comprensión moral del empresario a sus intereses empresariales. Hay varios dilemas éticos comunes a los que se enfrentan los empresarios y que requieren una cuidadosa consideración y toma de decisiones. En primer lugar, los empresarios se enfrentan a menudo al dilema de equilibrar el éxito financiero con la obligación social. En su afán por maximizar los beneficios, los empresarios pueden tener la tentación de recortar gastos e incurrir en prácticas poco éticas, como la explotación del trabajo o el incumplimiento de la normativa medioambiental. Los empresarios también tienen una obligación para con sus empleados, sus clientes y la sociedad en general. Equilibrar el éxito financiero con la obligación social exige tomar decisiones difíciles que den prioridad a la práctica ética sobre las ganancias a corto plazo. Otro dilema ético habitual al que se enfrentan los empresarios es mantener la transparencia y la honradez en los tratos comerciales. En un mercado competitivo, los empresarios pueden tener la tentación de exagerar las ventajas de su producto o servicio, tergiversar la información financiera o realizar prácticas comerciales engañosas. Estas bajezas pueden tener graves consecuencias para la reputación del empresario y su éxito a largo plazo. Los empresarios deben dar prioridad a la honradez y la transparencia en sus tratos comerciales, aunque ello suponga perder ganancias a corto plazo o enfrentarse a aprietos de fabricación. Además, los empresarios se enfrentan a menudo al dilema de respetar los derechos de propiedad intelectual. En una era de rápida invención, los empresarios deben navegar por complejas leyes y normativas de propiedad intelectual para proteger su propia idea y creación, respetando al mismo tiempo los derechos de los demás. Este dilema exige que los empresarios encuentren un equilibrio entre la invención y el respeto de los derechos de propiedad intelectual existentes. No hacerlo puede acarrear consecuencias legales y dañar la reputación del empresario. Otro dilema ético habitual al que se enfrentan los empresarios es la gestión de los conflictos de intereses. Los empresarios se encuentran a menudo en situaciones en las que sus intereses personales o financieros entran en conflicto con los intereses de su empresa. Por ejemplo, un empresario puede tener la tentación de adjudicar un contrato a un apéndice de su familia o a un conocido, aunque haya mejores opciones disponibles. Este dilema exige que los empresarios tomen decisiones que prioricen los intereses de su empresa sobre las relaciones personales o los beneficios económicos. No hacerlo puede provocar conflictos, desconfianza y dañar la reputación del empresario. Los empresarios se enfrentan a menudo al dilema de mantener la privacidad y la seguridad de los datos. En la era digital, las empresas recopilan y almacenan gran cantidad de datos personales, lo que crea una responsabilidad ética hacia la protección de la privacidad y la seguridad de esta información. Los empresarios deben tomar las medidas adecuadas para salvaguardar los datos de los clientes y asegurarse de que no se utilicen indebidamente ni se pongan en peligro. No hacerlo puede acarrear responsabilidades legales, la pérdida de confianza de los clientes y daños a la reputación. Los empresarios se enfrentan a menudo al dilema de gestionar los dilemas éticos dentro de sus propias organizaciones. Cuestiones como el acoso laboral, el favoritismo o el comportamiento poco ético de un empleado pueden suponer un reto importante para los empresarios. El líder ético debe establecer un clima de integridad y comportamiento ético en sus organizaciones, establecer una política y unos procedimientos claros, y tomar las medidas oportunas cuando se produzca una violación ética. Si no se aborda esta cuestión, se puede crear un entorno operativo tóxico, un gran malestar entre los empleados y dañar la reputación del empresario. Ser empresario conlleva una multitud de dilemas éticos que requieren una cuidadosa consideración y toma de decisiones. Estos dilemas exigen que los empresarios equilibren el éxito financiero con la obligación social, mantengan la transparencia y la honestidad, respeten la propiedad intelectual, gestionen los conflictos de intereses, mantengan la privacidad y la seguridad de los datos, y gestionen los dilemas éticos dentro de sus organizaciones. Navegando por estos dilemas con integridad y opinión ética, los empresarios pueden crear empresas de éxito que no sólo generen beneficios, sino que también contribuyan positivamente a la sociedad.

ESTRATEGIAS PARA MANTENER NORMAS ÉTICAS EN LA TOMA DE DECISIONES FINANCIERAS

Dada la posibilidad de obtener beneficios monetarios y la complejidad de las transacciones financieras, a menudo surgen dilemas éticos en el reino de las finanzas. Los empresarios pueden adoptar diversas estrategias para garantizar que sus decisiones financieras se ajustan a las normas éticas y mantienen la confianza de las partes interesadas. En primer lugar, los empresarios pueden establecer un sólido código ético que describa los principios éticos y el valor que guían sus procesos de toma de decisiones financieras. Este código debe hacer hincapié en la grandeza de la honradez, la transparencia y la franqueza en todas las transacciones financieras. Comunicando claramente estas normas a todos los empleados y partes interesadas, los empresarios pueden crear una cultura de conducta ética que impregne todos los aspectos de su actividad empresarial. Además de un código ético, los empresarios pueden reforzar su compromiso con las normas éticas aplicando controles y procedimientos internos. Los empresarios deben separar la responsabilidad financiera para evitar que una sola persona tenga el control total de los recursos financieros. Este separatismo del deber garantiza que distintas personas verifiquen independientemente las transacciones financieras, reduciendo el peligro de actividades fraudulentas. La realización de auditorías financieras periódicas por parte de auditores externos ayuda a verificar la veracidad y fiabilidad de los informes financieros, reforzando así el compromiso con la práctica financiera ética. Junto a estas medidas, los empresarios deben inculcar a sus empleados el sentido de la toma de decisiones éticas. Mediante una preparación y enseñanza periódicas sobre los principios y dilemas éticos, los empresarios pueden dotar a los empleados de la cognición y la capacidad de pensamiento crítico necesarias para tomar decisiones financieras éticas. Esta preparación debe incluir el estudio de escenarios o juicios que pongan de relieve los dilemas éticos en la toma de decisiones financieras y orienten a los empleados sobre cómo sortear esa situación de forma ética. Además, los empresarios deben fomentar un entorno que favorezca el debate abierto sobre cuestiones éticas. Al promover una cultura de comunicación y transparencia, es más probable que los empleados busquen orientación y estudien su preocupación por posibles lagunas éticas en la toma de decisiones financieras. Para complementar estas estrategias, los empresarios pueden dar prioridad al compromiso de las partes interesadas y a la alianza de intereses. Al considerar el impacto de las decisiones financieras en todas las partes interesadas, los empresarios pueden evitar decisiones que prioricen el beneficio a corto plazo sobre la sostenibilidad a largo plazo y la preocupación ética. Comprometerse con las partes interesadas, como el cliente, el proveedor, los empleados y la comunidad local, permite a los empresarios comprender mejor sus necesidades y preocupaciones. Este entendimiento puede ayudar a orientar las decisiones financieras que no sólo maximizan el beneficio, sino que también tienen en cuenta el bienestar y el interés de todas las partes interesadas. Los empresarios pueden integrar el factor medioambiental, social y de gobierno (ESG) en sus procesos de toma de decisiones financieras. Al incorporar el criterio ESG, los empresarios pueden alinear sus decisiones financieras con un objetivo social más amplio, como la sostenibilidad medioambiental y la obligación social. Esto puede lograrse considerando el impacto medioambiental de la actividad empresarial, dando prioridad a la inversión socialmente responsable y adoptando prácticas de gobierno que garanticen la transparencia y la responsabilidad. Los empresarios pueden buscar orientación externa y adherirse a las normas y reglamentos de fabricación existentes. Consultando con un asesor financiero, un experto jurídico y una asociación de fabricantes, los empresarios pueden obtener información valiosa sobre las mejores prácticas y los requisitos legales para la toma de decisiones financieras éticas. Esta orientación externa puede ayudar a los empresarios a navegar por cuestiones financieras complejas y garantizar el cumplimiento de las leyes y reglamentos pertinentes. Mantener unas normas éticas en la toma de decisiones financieras es esencial para que los empresarios construyan y mantengan negocios de éxito. Aplicando estrategias como el establecimiento de un código ético, la implantación de controles internos, la formación de los empleados, la priorización de la participación de las partes interesadas, la integración del factor ASG y la búsqueda de orientación externa, los empresarios pueden garantizar que sus decisiones financieras mantienen unas normas éticas elevadas. Mediante estas estrategias, los empresarios pueden forjarse una reputación de conducta ética que no sólo atraiga a las partes interesadas, sino que también contribuya al logro a largo plazo y a la sostenibilidad de sus negocios. A pesar de tener un gran pensamiento empresarial, muchos empresarios tienen dificultades para gestionar sus finanzas con eficacia. Las finanzas son una faceta crítica de cualquier negocio, y comprender los principios financieros fundamentales es esencial para el éxito y el crecimiento de una aventura empresarial. Uno de los principios clave que deben comprender los empresarios es el concepto de flujo de caja. El flujo de caja se refiere a la entrada y salida de dinero de una empresa y es crucial para su funcionamiento diario. Controlando su flujo de caja, los empresarios pueden asegurarse de que tienen suficiente líquido para cubrir sus gastos y aprovechar las oportunidades de crecimiento. Deben vigilar de cerca sus entradas de efectivo, que incluyen ingresos por ventas, inversiones y préstamos, así como sus salidas de efectivo, como salarios, arrendamientos y compras. Además, los empresarios deben tener en cuenta el tiempo de su flujo de caja, ya que el retraso en los pagos puede suponer un reto para cumplir sus obligaciones financieras. Otro principio financiero esencial que deben comprender los empresarios es la rentabilidad. La rentabilidad mide la capacidad de una empresa para generar beneficios comparando sus ingresos con sus gastos. No basta con que los empresarios se centren únicamente en el crecimiento de los ingresos; también deben supervisar y controlar sus gastos para garantizar un margen de beneficios saludable. Analizando regularmente su cuenta de resultados, los empresarios pueden identificar las áreas en las que se pueden reducir los gastos o aumentar los ingresos. Esta información es crucial para tomar decisiones informadas y optimizar el rendimiento financiero de la empresa. Además, los empresarios deben tener en cuenta el concepto de apalancamiento a la hora de gestionar sus finanzas. El apalancamiento consiste en utilizar mayúsculas prestadas para financiar el funcionamiento o la inversión de una em-

presa. Aunque el apalancamiento puede amplificar los beneficios, también aumenta el peligro para la empresa. Los empresarios deben sopesar el beneficio potencial del apalancamiento
frente al riesgo asociado y decidir si se ajusta a su objetivo empresarial y a su permisividad frente al peligro. También es necesario que los empresarios comprendan la grandeza del presupuesto y la previsión en la gestión financiera. Crear un presupuesto les permite planificar y asignar recursos de forma eficaz.
Implica estimar los ingresos y gastos futuros y fijar un objetivo
financiero. Haciendo un seguimiento de sus resultados financieros reales en comparación con el presupuesto, los empresarios
pueden identificar desviaciones y tomar medidas correctivas si
es necesario. Además del presupuesto, la previsión es crucial
para los empresarios, ya que les ayuda a anticipar los resultados financieros futuros. Analizando la tendencia histórica y el
clima del mercado, los empresarios pueden hacer proyecciones
informadas sobre su flujo de caja, ingresos y gastos. Esta información les permite tomar decisiones estratégicas y adaptar su
plan de negocio en consecuencia. Los empresarios deben ser
conscientes de las herramientas y recursos financieros de que
disponen. La ingeniería ha revolucionado la gestión financiera,
ofreciendo a los empresarios una amplia gama de paquetes de
aplicaciones y plataformas para agilizar su proceso financiero.
Estas herramientas pueden ayudar con la contabilidad, las facturas, las nóminas y los informes financieros, ahorrando a los
empresarios tiempo y dinero. Los empresarios también deberían
plantearse buscar asesoramiento profesional. Un contable y un
asesor financiero pueden orientar sobre la gestión de las finanzas, el plan fiscal y la estrategia de inversión. Su experiencia
puede ayudar a los empresarios a navegar por la complejidad

de la gestión financiera y garantizar el cumplimiento de los requisitos normativos. Las finanzas desempeñan un papel vital en el éxito y el crecimiento de una iniciativa empresarial. Comprendiendo los principios financieros fundamentales y cómo aplicarlos, los empresarios pueden gestionar eficazmente su dinero y hacer crecer su negocio. Controlando el flujo de caja, analizando la rentabilidad, considerando el apalancamiento, elaborando presupuestos y previsiones, y utilizando herramientas financieras y asesoramiento profesional, los empresarios pueden capacitarse para tomar decisiones informadas y asegurar el bienestar financiero y la antigüedad de su negocio.

XVI. CONCLUSIÓN

Los aspectos financieros de la gestión de una empresa son fundamentales para su éxito. Los empresarios deben comprender y aplicar los principios financieros fundamentales para gestionar eficazmente su dinero y hacer crecer su negocio. A lo largo de este libro, hemos explorado varios conceptos y estrategias clave que los empresarios pueden utilizar para garantizar la sostenibilidad financiera. Hemos visto la importancia de la elaboración de presupuestos y la gestión del flujo de caja para mantener la liquidez y tomar decisiones financieras con conocimiento de causa. Hemos destacado el significado de los estados financieros para evaluar la ejecución de un negocio y atraer a posibles inversores. Además, la gestión del crédito y la deuda es crucial para la constancia y el crecimiento financieros a largo plazo. Aprovechando eficazmente el crédito y gestionando cuidadosamente la deuda, los empresarios pueden admitir la financiación necesaria y ampliar su actividad. Este libro ha hecho hincapié en el papel de la previsión y el plan financieros a la hora de establecer objetivos y estrategias realistas para el futuro. Al considerar la proyección financiera a corto y largo plazo, los empresarios pueden tomar decisiones informadas que se ajusten a sus objetivos empresariales. Hemos hablado de las ventajas de diversificar la fuente de ingresos y de utilizar diversas opciones de inversión para maximizar el rendimiento. Diversificando la fuente de ingresos, los empresarios pueden reducir su confianza en un único generador de ingresos y minimizar el efecto de las fluctuaciones económicas. Este libro ha puesto de relieve la importancia de la educación financiera y de buscar asesoramiento profesional cuando sea necesario. Los empresarios deben formarse continuamente en materia financiera y trabajar en estrecha colaboración con expertos financieros para mejorar sus habilidades de gestión financiera. Al hacerlo, podrán navegar por el complejo panorama financiero y tomar decisiones informadas que se ajusten a sus objetivos empresariales. La gestión financiera es una faceta crucial de la iniciativa empresarial que requiere conocimiento, corrección y un plan estratégico. Aunque pueda parecer desalentador, dominar estos principios financieros es esencial para el éxito a largo plazo. Aplicando las estrategias que se exponen en este libro, los empresarios pueden gestionar eficazmente su dinero, sortear los retos financieros e impulsar el crecimiento de sus empresas. Dado que los conocimientos y la pericia financieros siguen desempeñando un papel fundamental en el panorama empresarial, es crucial que los empresarios inviertan tiempo y esfuerzo en desarrollar sus habilidades de gestión financiera. Al hacerlo, pueden afianzarse para el éxito y alcanzar sus objetivos empresariales. Comprender y aplicar los principios financieros fundamentales no sólo es esencial para los empresarios, sino para cualquier persona que desee enriquecerse y protegerse financieramente. Tanto si se trata de gestionar las finanzas personales como de dirigir una empresa, los principios de elaboración de presupuestos, gestión del flujo de caja, estados financieros, gestión del crédito y la deuda, previsión financiera, variegación y búsqueda de asesoramiento profesional se aplican universalmente. Al conocer a fondo estos conceptos y aplicarlos eficazmente, los empresarios pueden garantizar la sostenibilidad financiera y el crecimiento de sus negocios. La gestión financiera es un elemento crítico de la iniciativa empresarial que requiere un aprendizaje y una adaptación continuos. Mediante un plan financiero estratégico y una toma de decisiones informada, los empresarios pueden crear empresas de éxito y alcanzar sus objetivos financieros. A medida que el mundo de los negocios siga evolucionando, la importancia del miedo financiero no hará sino aumentar, por lo que es imperativo que los empresarios desarrollen una sólida base de gestión financiera. Al hacerlo, podrán liberar todas las posibilidades de sus empresas y allanar el camino hacia el éxito a largo plazo.

RECAPITULACIÓN DE LOS PRINCIPALES PUNTOS TRATADOS EN EL LIBRO

En este libro, hemos explorado el tema de las finanzas para los empresarios y cómo pueden gestionar eficazmente su dinero y hacer crecer sus negocios. A lo largo de esta rebanada se han tratado varios puntos clave, y es importante recapitular lo más destacado. Ante todo, es esencial que los empresarios tengan una sólida comprensión de los principios financieros básicos. Esto significa familiarizarse con conceptos como la gestión del flujo de caja, la elaboración de presupuestos y los estados financieros. Al comprender este concepto fundamental, los empresarios pueden tomar decisiones informadas sobre las finanzas de su empresa y adoptar medidas para garantizar la rentabilidad y la sostenibilidad a largo plazo. Otro punto crucial en el que se ha insistido es la importancia de establecer objetivos financieros y crear un plan financiero completo. Los empresarios deben establecer unos objetivos claros para su empresa y elaborar una hoja de ruta para alcanzarlos. Esto implica crear un presupuesto que describa los ingresos y gastos previstos, así como revisar y ajustar periódicamente el plan según sea necesario. Estableciendo objetivos financieros y creando un plan, los empresarios pueden mantenerse centrados y motivados, asegurándose de que la gestión financiera de su empresa se alinea con su objetivo general. La gestión eficaz del flujo de caja se ha destacado como un elemento clave del éxito financiero de una empresa. Los empresarios deben comprender que el flujo de caja es la savia de su negocio y debe controlarse y gestionarse cuidadosamente. Esto incluye llevar un registro de las entradas y salidas de efectivo, minimizar los gastos y asegurarse de que hay suficiente líquido para cubrir las obligaciones a corto plazo. Gestionando eficazmente el flujo de caja, los empresarios pueden mantener la constancia financiera, cumplir las obligaciones financieras y aprovechar las oportunidades de aumento. Además, se ha destacado la importancia de separar las finanzas personales de las empresariales. Los empresarios deben establecer una cuenta de depósito y una tarjeta de reconocimiento separadas para su negocio, asegurándose de que existe una separación clara entre los gastos personales y los del negocio. Esto no sólo ayuda a establecer las finanzas, sino que también proporciona seguridad jurídica y permite elaborar informes financieros precisos. Al separar las finanzas personales de las empresariales, los empresarios pueden seguir y gestionar mejor la ejecución financiera de su negocio y evitar posibles complicaciones legales y fiscales. En este libro se ha tratado el significado de supervisar y analizar periódicamente los estados financieros. Los estados financieros, como la cuenta de resultados, la mortaja de equilibrio y el estado de flujo de caja, proporcionan una valiosa información sobre el bienestar y la ejecución financiera de una empresa. Los empresarios deben revisar estos estados con regularidad para identificar áreas de mejora, evaluar la rentabilidad y la liquidez, y tomar decisiones informadas. Analizando los estados financieros, los empresarios pueden identificar tendencias, detectar posibles problemas y ajustar en consecuencia su estrategia de gestión financiera. El libro aborda la importancia de buscar asesoramiento profesional y utilizar herramientas y recursos financieros. Los empresarios no deben dudar en consultar con un contable, un asesor financiero u otro experto que pueda proporcionarles orientación y apoyo. Además, hay varias herramientas y recursos financieros disponibles, como paquetes de contabilidad, aplicaciones de presupuestación y cursos financieros online, que pueden ayudar a los empresarios a gestionar su dinero con eficacia. Aprovechando estos recursos, los empresarios pueden aumentar sus conocimientos y habilidades financieras, mejorando su capacidad general de gestión financiera. Este libro ha destacado varios puntos clave que los empresarios deben tener en cuenta a la hora de gestionar sus finanzas. Comprendiendo los principios financieros básicos, fijando objetivos financieros y creando un plan integral, gestionando el flujo de caja, separando las finanzas personales de las empresariales, controlando los estados financieros y buscando asesoramiento profesional y utilizando recursos, los empresarios pueden gestionar eficazmente su dinero y hacer crecer sus negocios. La gestión financiera es una faceta crítica de la iniciativa empresarial y, poniendo en práctica estos puntos clave, los empresarios pueden afianzarse para el éxito a largo plazo.

ÉNFASIS EN LA IMPORTANCIA DE LA GESTIÓN FINANCIERA PARA LOS EMPRESARIOS

Una gestión financiera eficaz es el eje de cualquier empresa de éxito, ya que repercute directamente en la rentabilidad, la sostenibilidad y el potencial de crecimiento del establecimiento. Para gestionar con éxito sus finanzas, los empresarios deben conocer a fondo los principios financieros y saber aplicarlos al funcionamiento de su empresa. Una causa clave por la que la gestión financiera es crucial para los empresarios es su efecto directo en la rentabilidad de su negocio. Gestionando eficazmente sus finanzas, los empresarios pueden identificar el área más rentable de su operación y tomar decisiones informadas para maximizar sus beneficios. Por ejemplo, mediante un análisis financiero adecuado, los empresarios pueden determinar qué producto o servicio genera el mayor margen de beneficios y asignar sus recursos en consecuencia. También pueden identificar oportunidades de ahorro de costes y hacer ajustes en sus gastos, lo que puede mejorar significativamente su cuenta de resultados. Controlando de cerca su posición financiera, los empresarios pueden identificar posibles riesgos o problemas financieros y tomar medidas correctivas antes de que perjudiquen su rentabilidad. La gestión financiera desempeña un papel fundamental para garantizar que los empresarios puedan maximizar sus beneficios y alcanzar el éxito financiero a largo plazo. La gestión financiera es vital para los empresarios porque influye directamente en la sostenibilidad de su negocio. Los empresarios necesitan gestionar cuidadosamente su flujo de caja, que se refiere a la entrada y salida de dinero en su negocio. Sin una gestión financiera adecuada, los empresarios pueden enfrentarse a problemas de tesorería, como quedarse sin efectivo para pagar sus gastos o no cobrar a tiempo a sus clientes. Estos problemas de liquidez pueden conducir rápidamente a una crisis e incluso obligar a los empresarios a cerrar su negocio. Aplicando una estrategia de gestión financiera eficaz, los empresarios pueden afrontar de forma proactiva los problemas de tesorería. Pueden desarrollar una proyección del flujo de caja para anticipar sus necesidades financieras futuras, implantar procesos de cobro para garantizar la recepción puntual de los pagos y negociar condiciones favorables con los proveedores para gestionar eficazmente sus salidas de caja. Garantizando un flujo de caja saludable, los empresarios pueden mantener la sostenibilidad de su negocio y sortear posibles obstáculos financieros. Además de la rentabilidad y la sostenibilidad, la gestión financiera también es crucial para los empresarios porque influye directamente en el potencial de crecimiento de su empresa. Los empresarios necesitan tomar decisiones financieras estratégicas que se ajusten a su objetivo de crecimiento y les permitan aprovechar las oportunidades de ampliación. Gestionando eficazmente sus finanzas, los empresarios pueden conseguir la financiación necesaria para la iniciativa de crecimiento, ya sea mediante financiación externa, inversión o reinversión de sus beneficios. También pueden analizar su información financiera para identificar la tendencia del mercado, las preferencias de los clientes y las oportunidades emergentes, que pueden informar su decisión estratégica y permitirles capitalizar las perspectivas de crecimiento. En contrapartida, una gestión financiera deficiente puede obstaculizar el potencial de crecimiento de una empresa, ya que puede conducir a la pérdida de oportunidades, a la asignación ineficiente de recursos o a la limitación de la admisión en la fase superior. Los empresarios deben dar prioridad a la gestión financiera no sólo para sostener su empresa, sino también para liberar todo su potencial de crecimiento. La gestión financiera es de suma importancia para los empresarios. Comprendiendo los principios financieros y aplicándolos al funcionamiento de su empresa, los empresarios pueden mejorar su rentabilidad, garantizar la sostenibilidad de su negocio y desbloquear su potencial de crecimiento. Ya sea mediante un análisis financiero eficaz, la gestión del flujo de caja o la toma de decisiones estratégicas, los empresarios deben dar prioridad a la gestión financiera para navegar por la complejidad del mundo empresarial y alcanzar el éxito a largo plazo. La gestión financiera es un logro fundamental para los empresarios que desean administrar su dinero con prudencia y hacer crecer su negocio.

ANIMAR A LOS EMPRESARIOS A APLICAR LOS PRINCIPIOS APRENDIDOS PARA GESTIONAR EFICAZMENTE SU DINERO Y HACER CRECER SUS NEGOCIOS

Es muy importante que los empresarios apliquen los principios financieros aprendidos para gestionar eficazmente su dinero y hacer crecer sus negocios. Al comprender el concepto fundamental de las finanzas, los empresarios pueden tomar decisiones informadas que repercutirán positivamente en el éxito de su negocio. Aplicar un plan financiero y una técnica presupuestaria adecuados permitirá a los empresarios asignar los recursos sabiamente y alcanzar su objetivo. Además, los empresarios deben considerar las distintas fuentes de financiación de que disponen, como préstamos, inversiones o subvenciones, para apoyar su iniciativa de crecimiento empresarial. Gestionando eficazmente su dinero, los empresarios pueden evitar los escollos financieros habituales y garantizar la sostenibilidad y rentabilidad a largo plazo de sus empresas. Los empresarios deben supervisar y evaluar continuamente sus resultados financieros para identificar las áreas susceptibles de mejora y realizar los ajustes necesarios. Esto incluye evaluar periódicamente su flujo de caja, su cuenta de resultados y su balance para tener una idea clara del bienestar financiero de su empresa. Al hacerlo, los empresarios pueden tomar decisiones estratégicas para optimizar sus recursos y maximizar su rentabilidad. También es crucial que los empresarios establezcan una sólida responsabilidad financiera dentro de su organización. Esto puede lograrse implantando un sistema y un procedimiento contables fiables que sigan e informen con precisión de las transacciones financieras. Manteniendo la transparencia y la responsabilidad en materia financiera, los empresarios pueden generar confianza entre las partes interesadas y atraer a posibles inversores o socios. Los empresarios deben mantenerse actualizados sobre las últimas tendencias financieras y los cambios normativos que puedan afectar a sus operaciones empresariales. Esto incluye mantenerse informado sobre la normativa fiscal, las prácticas financieras específicas del sector y las opciones de financiación emergentes. Al conocer a fondo el panorama financiero, los empresarios pueden posicionarse estratégicamente y aprovechar las nuevas oportunidades o mitigar los riesgos potenciales. Pero no menos importante, los empresarios deben buscar orientación profesional cuando sea necesario. Consultando a un asesor o experto financiero, los empresarios pueden obtener valiosos conocimientos y experiencia que les ayuden a tomar mejores decisiones financieras. Estos profesionales pueden proporcionar asesoramiento experto sobre el plan fiscal, la valoración del peligro financiero, la estrategia de inversión y la gestión financiera general de la empresa. El conocimiento y la perspicacia obtenidos de estos profesionales pueden ser decisivos para garantizar el éxito y la sostenibilidad de la empresa del emprendedor. Las finanzas son una faceta esencial de la iniciativa empresarial que no puede pasarse por alto. Aplicando los principios aprendidos a lo largo de este camino, los empresarios pueden gestionar eficazmente su dinero y hacer crecer sus negocios. La capacidad de tomar decisiones financieras con conocimiento de causa es un logro crucial para los empresarios, y puede influir significativamente en el éxito de sus empresas. Comprendiendo los fundamentos de las finanzas, creando un programa financiero sólido, explorando opciones de financiación, controlando el rendimiento financiero, estableciendo una responsabilidad financiera, manteniéndose informados sobre tendencias y normativas, y buscando asesoramiento profesional cuando sea necesario, los empresarios pueden posicionarse para el éxito a largo plazo. Los empresarios deben reconocer el valor de la gestión financiera y hacer de ella una prioridad en sus operaciones empresariales.

BIBLIOGRAFÍA

Revista Entrepreneur. 'Negocio electrónico'. Guía de inicio paso a paso, Entrepreneur Press, 17/05/2014

Basilio Peters. 'Salidas anticipadas'. Estrategias de salida para emprendedores e inversores ángeles (pero quizá no para capitalistas de riesgo), Basil Peters, 1/1/2009

CA Ravi Mamodiya. 'Planificación de la sucesión empresarial de Taxmann: explicación del enfoque, la estrategia y la ejecución de forma simplificada con la ayuda de estrategias de continuidad empresarial, estudios de casos prácticos y listas de comprobación'. Taxmann Publications Private Limited, 5/9/2023

Luna Z. 'Tormenta de lluvia. Aspectos esenciales del presupuesto flexible'. Una ruta hacia el éxito financiero, Xspurts.com, 1/1/2023

Danny M Boyd. 'Pequeños comienzos, grandes resultados'. A Business Big Idea Guidebook to Financial Success, Amazon Digital Services LLC - Kdp, 5/15/2023

H. Oliver Welch. 'La historia de la planificación financiera'. La transformación de los servicios financieros, E. Denby Brandon, Jr., John Wiley & Sons, 10/12/2009

Zaigham Mahmood. 'Gestión de proyectos de software para la informática distribuida'. Métodos de ciclo de vida para desarrollar herramientas escalables y fiables, Springer, 4/4/2017

Frank Bannister. 'Gestión financiera y de compras de las tecnologías de la información'. Routledge, 25/06/2012

Erich A. Helfert. 'Herramientas y Técnicas de Análisis Financiero: Una Guía para Directivos'. McGraw Hill Professional, 20/11/2001

Adamu Idris Tanko. 'Prudencia, transparencia y responsabilidad'. Actas de la Segunda Conferencia Nacional sobre Cuestiones Éticas en la Contabilidad, Kabiru Isa Dandago, Gidan Dabino Publishers, 1/1/2004.

M. F. VAN. BREDA. 'Hacia una definición de los sistemas de control financiero (Reimpresión clásica).' Fb&c Limited, 2/8/2018

Oficina de Rendición de Cuentas del Gobierno de los Estados Unidos. 'Normas de Control Interno en el Gobierno Federal'. Lulu.com, 24/3/2019

Jody Blazek. 'Planificación fiscal y cumplimiento para organizaciones exentas de impuestos'. Normas, listas de comprobación, procedimientos, Wiley, 1/4/2012

Jeffrey T. Craig. 'Planificación financiera personal para ejecutivos y empresarios'. El camino hacia la tranquilidad financiera, Michael J. Nathanson, Springer Nature, 22/4/2021

Jody Blazek. 'Planificación fiscal y cumplimiento para organizaciones exentas de impuestos'. Normas, listas de comprobación, procedimientos, Suplemento 2021, John Wiley & Sons, 4/20/2021

Anja Böhm. 'Interpretación de ratios en el análisis financiero'. GRIN Verlag, 9/11/2008

Axel Tracy. 'Fundamentos del Análisis de Ratios'. Cómo 17 ratios financieros pueden permitirte analizar cualquier empresa del planeta, RatioAnalysis.net, 7/12/2012

René M. Stulz. 'Los riesgos de las instituciones financieras'. Mark Carey, University of Chicago Press, 1/11/2007

Chiara Crovini. 'La gestión de riesgos en las pequeñas y medianas empresas'. Routledge, 13/2/2019

Scott Harrington. 'Gestión de Riesgos y Seguros'. McGraw-Hill Companies, Incorporated, 15/7/2003

Patty Graybeal. 'Principios de Contabilidad Volumen 2 - Contabilidad Gerencial'. Mitchell Franklin, 12º Servicio de Medios, 14/2/2019

Marvin Namanda. 'Presupuestación de capital, valor actual neto y otras herramientas de toma de decisiones empresariales'. GRIN Verlag, 31/3/2017

Mike Simonetto. 'Gestión de precios y rentabilidad'. Una guía práctica para líderes empresariales, Julie Meehan, John Wiley & Sons, 28/06/2011

Edward J. Vanderbeck. 'Principios de contabilidad de costes'. Cengage Learning, 2/1/2012

Robert S. Kaplan. 'Mide bien los costes'. Toma las decisiones correctas, Robin Cooper, Harvard Business Review, Reprint Service, 1/1/1988

Martin Fassnacht. 'Gestión de precios'. Estrategia, Análisis, Decisión, Implementación, Hermann Simon, Springer, 12/11/2018

Jim Schell. 'Pequeña Empresa para Dummies'. Eric Tyson, John Wiley & Sons, 30/11/2011

Garima Malik. 'Opciones de financiación para startups'. Un marco conceptual y una guía práctica, K. S. V. Menon, Notion Press, 5/7/2016

Leo Kanell. 'La fórmula de la financiación empresarial'. Cómo los empresarios están poniendo en marcha sus negocios con poderosas estrategias de financiación, Leo Kanell , 18/1/2017

Garry Stephenson. 'Gestión integral de explotaciones agrarias'. De la puesta en marcha a la sostenibilidad, Storey Publishing, 11/12/2019

Alan G. Seidner. 'Gestión de tesorería e inversiones para organizaciones sin ánimo de lucro'. John Zietlow, John Wiley & Sons, 4/10/2007

George T. Friedlob. 'Comprender el flujo de caja'. Franklin J. Plewa, Jr., John Wiley & Sons, 1/1/1995

Peter B. Heyler. 'Gestión del flujo de caja'. Un enfoque operativo, Rob Reider, John Wiley & Sons, 17/2/2003

Steve Player. 'Preparados para el futuro'. Cómo dominar la previsión empresarial, Steve Morlidge, John Wiley & Sons, 19/2/2010

Christy Wright. 'La Boutique de los Negocios'. Guía de una mujer para ganar dinero haciendo lo que le gusta, Ramsey Press, 17/4/2017

Nigel Wyatt. 'La Guía Esencial del Financial Times sobre Presupuestos y Previsiones'. Cómo ofrecer cifras exactas, Pearson UK, 14/12/2012

Fernando Álvarez. 'Análisis de Estados Financieros'. A Practitioner's Guide, Martin S. Fridson, John Wiley & Sons, 19/4/2022

Mariusz Skonieczny. 'Lo Básico para Entender los Estados Financieros'. Aprende a Leer los Estados Financieros Comprendiendo el Balance, la Cuenta de Resultados y el Estado de Flujos de Efectivo, Investment Publishing, 1/1/2012

Aileen Ormiston. 'Comprender los estados financieros'. Lyn M. Fraser, Pearson Educación, 1/5/2015

Noam Wasserman. 'Los dilemas del fundador'. Anticipar y evitar los escollos que pueden hundir una startup, Princeton University Press, 4/1/2013

Jeffrey T. Craig. 'Planificación financiera personal para ejecutivos y empresarios'. El camino hacia la tranquilidad financiera, Michael J. Nathanson, Springer, 11/12/2018

Donald F. Kuratko. 'Introducción a la iniciativa empresarial'. South-Western, 1/1/2009

www.ingramcontent.com/pod-product-compliance
Lightning Source LLC
Chambersburg PA
CBHW070108260726
48658CB00001B/38